Estudos das
Relações
Étnico-Raciais

Rosiane Rodrigues

Estudos das Relações Étnico-Raciais

Rosiane Rodrigues é jornalista, com especialização em História do Holocausto pelo Museu Yad Vashen (Jerusalém – Israel) e pós-graduada em Relações Étnico-Raciais pelo Cefet (RJ). Foi colunista dos jornais *Extra* e *O Povo do Rio*. Atualmente colabora com *sites* noticiosos e é colunista convidada da Agência de Notícias Multiétnicas Afropress. Em 2009 coordenou a produção do I Relatório da Intolerância Religiosa no Brasil, entregue ao presidente da Comissão de Direitos Humanos da Organização das Nações Unidas.

Ferramenta pedagógica para aplicação das Leis 10.639/2003 e 11.645/2008.

1ª edição, São Paulo
2013
6ª impressão

© ROSIANE RODRIGUES, 2012

COORDENAÇÃO EDITORIAL Lisabeth Bansi
ASSISTÊNCIA EDITORIAL Paula Coelho
PREPARAÇÃO DE TEXTO Ana Catarina Miguel F. Nogueira
COORDENAÇÃO DE PRODUÇÃO GRÁFICA Dalva Fumiko N. Muramatsu
COORDENAÇÃO DE EDIÇÃO DE ARTE Camila Fiorenza
ILUSTRAÇÃO DE CAPA Luciano Lagares
DIAGRAMAÇÃO Cristina Uetake, Vitória Sousa
COORDENAÇÃO DE REVISÃO Elaine Cristina del Nero
REVISÃO Nair Hitomi Kayo
PESQUISA ICONOGRÁFICA Mariana Veloso Lima, Lourdes Guimarães
CARTOGRAFIA Anderson de Andrade Pimentel, Fernando José Ferreira
COORDENAÇÃO DE BUREAU Américo Jesus
TRATAMENTO DE IMAGENS Rubens M. Rodrigues
PRÉ-IMPRESSÃO Alexandre Petreca, Everton L. de Oliveira Silva,
Hélio P. de Souza Filho, Marcio H. Kamoto
COORDENAÇÃO DE PRODUÇÃO INDUSTRIAL Wilson Aparecido Troque
IMPRESSÃO E ACABAMENTO PSP Digital
LOTE 288157

Dados Internacionais de Catalogação na Publicação (CIP)
(Câmara Brasileira do Livro, SP, Brasil)

Rodrigues, Rosiane
"Nós" do Brasil : estudos das relações
étnico-raciais / Rosiane Rodrigues. –
São Paulo, Moderna, 2012.

ISBN 978-85-16-08252-9

1. África – Civilização 2. África – História
3. Africanos – Brasil 4. Afro-brasileiros – Relações
étnicas 5. Afro-brasileiros – Relações raciais
6. Cultura – África 7. Cultura afro-brasileira
8. Relações Brasil – África I. Título.

12-10798   CDD-306-0899608107

Índices para catálogo sistemático:
1. Brasil e África :
Estudos de relações étnico-raciais : Sociologia   306-0899608107

DE ACORDO COM AS
NOVAS NORMAS
ORTOGRÁFICAS

Reprodução proibida. Art.184 do Código Penal e Lei 9.610 de 19 de fevereiro de 1998.

Todos os direitos reservados

EDITORA MODERNA LTDA.
Rua Padre Adelino, 758 - Belenzinho
São Paulo - SP - Brasil - CEP 03303-904
Vendas e Atendimento: Tel. (0_ _11) 2790-1300
www.modernaliteratura.com.br
2020

Impresso no Brasil

Para Selma

Em memória daqueles que vieram antes e para honra dos que virão depois.

Orientadores:

Capítulo II – Prof. Ms. Vicente Cretton, doutorando em Antropologia (Universidade Federal Fluminense/RJ).

Capítulo III – Prof. Dr. Rolf Ribeiro de Souza, pesquisador do Núcleo Fluminense de Estudos e Pesquisas da Universidade Federal Fluminense/RJ).

Capítulo IV – Sami Armed Isbelle, pesquisador e diretor do Departamento Educacional da Sociedade Beneficente Muçulmana (RJ).

Capítulo V (e revisão crítica de "A maldição de Cam" do Capítulo I) – Prof. Ms. Michel Gherman, doutorando em Antropologia e cocoordenador do Núcleo Interdisciplinar de Estudos Judaicos (Universidade Federal do Rio de Janeiro).

Revisores críticos:

Aline Sá, geógrafa. Professora dos níveis Médio e Fundamental – foram dela as sugestões e orientações do conteúdo dos mapas.

Clarice Moraes. Supervisora do Projeto Territórios Digitais – A Negritude da Cidade de Porto Alegre.

Decione Penha, socióloga. Professora do Ensino Médio.

Marina Alves, bacharel em Relações Internacionais e graduanda em Antropologia. Desenvolve etnografia sobre o cumprimento da Lei 10.639/2003 e cursa pós-graduação em Relações Étnico-Raciais no Cefet/RJ.

Marco Iusten, antropólogo. Com especial atenção ao Capítulo II.

Prof. Dr. Roberto Borges, coordenador do Mestrado em Relações Étnico-Raciais do Cefet/RJ. Com especial atenção ao Capítulo VI.

Agradecimentos

Muitas pessoas foram necessárias e fundamentais para que este livro chegasse às suas mãos. Em primeiro lugar, agradeço ao querido amigo e irmão de alma **Marcos Ribeiro**, por sua decisiva participação em minha iniciação literária.

À minha editora **Lisabeth Bansi**, pela confiança no trabalho de uma autora ainda inédita e pela paciência com que tratou meus medos e inseguranças.

A **Verton da Conceição** que pacientemente, durante meses, me incentivou e desafiou a concluir este livro, além de colocar à minha disposição as preciosidades de sua biblioteca. Foi sua trajetória de lutas pela sobrevivência e militância no Movimento Negro Unificado que me inspiraram e conduziram na produção desta obra.

Um agradecimento especialíssimo ao mestre **Roberto Borges**, que prefacia este livro e com quem eu pude contar na revisão crítica do capítulo VI. Obrigada pelo incentivo à minha produção acadêmica.

Aos amigos e companheiros de lutas **Rolf de Souza**, **Michel Gherman**, **Sami Isbelle** e, recentemente, **Vicente Cretton**. Obrigada por aceitarem o desafio de orientar, despojadamente, meu pensamento e escrita sobre os muitos "nós" de que tratamos neste livro.

Às amigas **Aline Sá**, **Decione Penha** e **Marina Alves** que acreditaram no *"Nós" do Brasil* desde o seu início. Obrigada pelas sofisticadíssimas tardes de sábado que passamos juntas. À **Clarice Moraes**, por suas críticas e "toques".

Aos meus professores **Kátia Rebello**, **Érika Pinheiro**, **Sérgio Costa**, **Carlos Henrique**, **Tatiana Alves**, **Nancy Rabelo**, **Ricardo Pinheiro** e colegas da pós-graduação em Relações Étnico-Raciais do Cefet-RJ, da turma de 2011. Sem vocês eu não teria como desvendar a realidade das salas de aula e este livro não existiria.

À professora **Ana Paula Miranda**, que conduz meu pensamento pelos muitos "nós" da Antropologia.

Sumário

PREFÁCIO 11

INTRODUÇÃO 15

Capítulo I – África e africanos
1. A maldição de Cam: o início da desqualificação dos povos africanos..18
2. A África é um continente – divisão regional (séculos XIX e XX)..26
3. Egito 37
4. A estratégia de colonização pela negação da memória: a "Árvore do Esquecimento" 47

Capítulo II – Autóctones e indígenas
1. De onde vieram os primeiros habitantes?...................53
2. Os processos de dominação dos povos indígenas 60

Capítulo III – Políticas do embranquecimento
1. O Brasil do século XIX – negros e mestiços: fatores de risco para a sociedade..................................70
2. A salvação do país...79

3. Panaceia..87
4. Abolição inacabada e a Princesa Isabel. Por que não se comemora o 13 de maio?..................................95

Capítulo IV – Também somos muçulmanos?
1. A saga dos muçulmanos escravizados no século XIX – a Revolta dos Malês 103
2. Influências religiosas 109

Capítulo V – Judeus no Brasil: cristãos-novos
1. O Velho Testamento como história mítica da comunidade judaica..116
2. O Recife como primeiro abrigo brasileiro 122

Capítulo VI – Brasil: construção e conflitos
1. Quem são os "outros"? 128
2. Identidade: o que é isso?..131

Os desafios da diversidade – o "nós" do "outro" 139

Referências bibliográficas 141

Prefácio

> O MENINO NEGRO NÃO ENTROU NA RODA.
> "VENHA CÁ, PRETINHO, VENHA CÁ BRINCAR"
> — DISSE UM DOS MENINOS COM SEU AR FELIZ.
> A MAMÃ, ZELOSA, LOGO FEZ REPARO;
> O MENINO BRANCO JÁ NÃO QUIS, NÃO QUIS...
>
> O MENINO NEGRO NÃO ENTROU NA RODA
>
> Geraldo Bessa Victor

Este fragmento do poema de Geraldo Bessa Victor pode ser apontado como um indicador da proposta a que Rosiane Rodrigues se impõe (ou a que se expõe): discutir, conversar, problematizar sobre diversidades. Para falar de diversidades, não há como fugir do tema da exclusão nem da tarefa árdua de falar de identidade, cujo conceito, como ela nos diz desde a introdução, é fluido, abstrato, mutável e mutante.

Com um estilo leve, agradável, instigante, do início ao fim, *"Nós" do Brasil* não se contenta em ficar na superfície dos temas. Vai fundo! Fala de identidade negra, identidade africana, identidade indígena. Fala de ciganos, de judeus, de muçulmanos, das diversas Áfricas que existem dentro da África, suas diferentes culturas, povos e religiões, e fala do Brasil. O livro de Rosiane Rodrigues nos proporciona viagens que possibilitam conexões históricas importantes para a compreensão de quem somos nós.

"*Nós* do *Brasil*" traz uma visão panorâmica bem interessante a respeito das divisões geopolíticas de África, possibilitando ao leigo, ao professor, ao aluno, ao curioso, algum entendimento daquele continente tão rico, tão diverso, e fundamental para a compreensão de nossa identidade e de nossa cultura. Da África, parte para o Brasil, trata das populações que habitavam nossas terras (os "negros da terra") antes de os europeus chegarem. O capítulo proposto para refletirmos a respeito dos povos autóctones do Brasil é de uma clareza dificilmente encontrada em outros livros. Desconstruir a ideologia que nos manipula a olhar os povos indígenas de maneira estereotipada é mais um dos grandes predicados deste livro.

Como não podia deixar de ser, o livro nos fala do primeiro tráfico de pessoas realizado em nossas terras, ou seja, o sequestro dos africanos que chegaram aqui, de onde vieram, como foram (mal) recebidas, de suas histórias apagadas (e queimadas!) e da importância de resgatarmos toda essa memória. O livro não exclui da discussão a história dos europeus, dos judeus, dos ciganos, dos povos orientais que vieram para cá e dos maus-tratos a que alguns deles foram submetidos, também.

"*Nós* do *Brasil*" amplia nossos horizontes, contribuindo com informações caras para todos nós. Fala de Zumbi dos Palmares, do valor político, social e histórico de seu Quilombo, fala de consciência negra e contribui para o desvelamento de algumas farsas forjadas por uma ideologia historicista eurocêntrica a que estivemos submetidos durante muitos séculos. Abarca, também, temáticas importantes e árduas que perpassam nossa identidade, sem que com isso diminua o prazer da leitura. Ler este livro é constatar que há saídas, sim, para a aplicação da temática das Relações Raciais sem incorrer em dogmas, em estereótipos, em folclorizações. Temos em mãos um livro sério, fundamentado em pesquisas e em pesquisadores conceituados, mas que, ainda assim, não cai no academicismo que afasta da leitura os "não iniciados".

Embora hoje não restem dúvidas de que raça é um constructo exclusivamente social e nada tem a ver com a biologia, a ideologia racialista, ao criar a hierarquização das raças humanas, privilegiando sempre o padrão eurocêntrico, incutiu no imaginário coletivo a ideia de superioridade e de inferioridade, correlacionando-a à quantidade de melanina. *"Nós" do Brasil*, pautado na História e na pesquisa de qualidade, desconstrói toda essa noção.

Desde o início, ao apresentar o continente africano, o texto seduz seus leitores, trazendo-nos um pouco de sua história. Ao iniciar essa grande viagem, que parte das narrativas bíblicas, contextualizando-as, atualizando-as, aproximando-as do "mundo de nossos jovens", conecta-nos aos fatos mais recentes, constituindo-se, assim, como fonte de cultura ampla para aqueles que têm o privilégio de ler esta obra.

Ao falar de embranquecimento e eugenia, o livro ratifica sua proposta: trazer à tona histórias da História. O adolescente, o jovem, a criança, o adulto que tiverem o privilégio de ler *"Nós" do Brasil* terão acesso a informações possíveis somente a partir desta época em que se questiona a veracidade dos conhecimentos que nos foram transmitidos. Isso nos remete a um grande provérbio do Chade: "Enquanto os leões não tiverem seus historiadores, as histórias de caça glorificarão os caçadores".

"Nós" do Brasil viaja no tempo e chega a Durban, fala dos compromissos nacionais e internacionais de combate ao racismo e à xenofobia assinados pelo Brasil e, a cada página, amplia nossa compreensão diante daquilo a que se propõe: trazer para a pauta questões delicadas e profundas de nossa diversidade. Produz, assim, uma aula de cidadania, contra a opressão, pelo respeito ao que mais nos constitui: as diversidades. Traz-nos, portanto, questões que se colocam na confluência da construção de uma sociedade mais equânime, onde negros, judeus,

ciganos, orientais, brancos, pardos, ocidentais sejam, de fato e de direito, tratados com igualdade.

A educação é um direito humano fundamental (como também o são o direito à saúde, à alimentação e à moradia). Cabe, então, aos estados e à federação, a obrigação de garanti-los a todos, sem exceção. Essa garantia só pode se dar mediante promoção, proteção e respeito à diversidade de experiências culturais — e isso tem de ser feito de forma a que se assegure a igualdade de oportunidades tanto ao acesso quanto à apropriação dos bens simbólicos, do conhecimento e do devido *status* social. Sendo assim, não só a escola é responsável por essa educação que passa diretamente pelo respeito às diferenças, mas também todo aquele que lida com o humano, independentemente de sua área de atuação.

Reproduzo o que foi dito por James Burke, estadista e filósofo inglês do século XVIII, citado por Jane Elliot, no documentário *Olhos azuis*: "**Para que o mal** triunfe **basta que os bons** fiquem de braços cruzados!", pois se omitir é ser cúmplice e ser cúmplice é apoiar o racismo, a xenofobia, o machismo, o sexismo, a homofobia, a pedofilia e tantas e muitas outras crueldades e tiranias que aviltam nossa sociedade e nossas diversidades.

Prof. Dr. Roberto Carlos da Silva Borges
Coordenador do Mestrado em Relações Étnico-Raciais
do Centro Federal de Educação Tecnológica
Celso Suckow da Fonseca (Cefet/RJ)

Introdução

"*Nós*" *do Brasil* é um livro que fala de identidades — essa coisa humana, indefinida, em formação, construída ou destruída a cada dia. Mais que um conceito que define quem somos (em relação aos outros) e localiza onde estamos (no mundo no qual vivemos), ela é a expressão visível de grupos e/ou pessoas que convivem ou disputam seus lugares e afirmações políticas.

A identidade, em si, é fluida. Como as águas de um rio que, mesmo sem mudar suas margens, são diferentes a cada instante. Com a fluidez da água que se move na força ou brandura da correnteza, vamos remontando paisagens e irrigando solos. Desde sua pequena nascente até o mar — eterno, insondável, fascinante — somos obrigados a lidar com acidentes e situações que não controlamos: cheias, secas, lagos, cataratas e até mesmo com a possibilidade de sermos tragados por gargantas sedentas de vida.

Entre a fluidez que não pode ser retida numa fotografia — porque está em constante mudança e ajuste — e a desconcertante realidade — que nos obriga a lidar com situações que não controlamos — é que histórias podem ser contadas: justamente por serem tão humanas e fluidas. **"*Nós*" *do Brasil*** inicia a contação das histórias dos muitos grupos identitários que conviveram, convivem e disputam espaços no cotidiano das cenas brasileiras. Ele situa-se entre a construção dessas identidades e suas estratégias de resistência, negociação e negação diante da força da colonização. É um olhar sobre as águas e as represas de um rio chamado Brasil.

Estabeleci como compromisso fundamental para meu trabalho a circulação de saberes e a divulgação de pesquisas científicas na área da diversidade. É com este objetivo que *"Nós" do Brasil* foi pensado e estruturado. Nele, reúno os autores contemporâneos que me apresentaram aos muitos processos de descolonização cultural, iniciados quando eu ainda nem pensava em ser escritora. E, nesse sentido, a primeira lição é: não existe conhecimento total sobre as milhares de etnias, idiomas, regiões, culturas, religiosidades e costumes de africanos, indígenas, judeus, ciganos e árabes — povos tão diversos e "escondidos" que construíram o Brasil. Por isso, selecionei historiadores, geógrafos, educadores, filósofos, antropólogos, literatos, cientistas sociais e da religião que dedicam (ou dedicaram) suas vidas a empreender pesquisas que revelam faces há muito mascaradas e desrespeitadas das nossas histórias.

A proposta deste trabalho é fazer com que você pense, discuta, reflita, discorde e debata sobre os conteúdos que selecionei para você. Minha maior preocupação é a de que você possa se familiarizar com pessoas que produzem um tipo de conhecimento ainda muito restrito aos meios acadêmicos. Não quero com isso dizer que estou traduzindo esses pesquisadores, nem seus estudos. Entendo que "tradução", como diz a antropóloga Ana Paula Miranda, é uma espécie de "traição". Por isso, apresento para você a minha própria compreensão dos trabalhos desses grandes mestres — sob o olhar atento e crítico dos pesquisadores que aceitaram o desafio de me conduzir neste trabalho — que vêm lançando luzes sobre temas como Racismo, Escravidão, Colonização e Memória. Esses temas são essenciais para que possamos entender a importância de estudar a História da África, dos afrodescendentes e dos povos indígenas. A Lei de Diretrizes e Bases da Educação, em seus artigos 26 A e 79 B (Lei

10.639/2003 e Lei 11.645/2008), exige o cumprimento desses conteúdos no currículo escolar.

Você está prestes a iniciar uma grande aventura por terras, povos e culturas muito pouco conhecidas. Viajar pela História da África e do Brasil é descobrir-se um pouquinho de cada vez. Embarque nessa aventura com nossos mestres e professores, aperte os cintos e boa viagem!

Rosiane Rodrigues

Capítulo I
África e africanos

> Os descendentes dos mercadores de escravos, dos senhores de ontem, não têm, hoje, de assumir a culpa pelas desumanidades provocadas por seus antepassados. No entanto, têm eles a responsabilidade moral e política de combater o racismo, as discriminações e juntamente com os que vêm sendo mantidos à margem (...), construir relações raciais e sociais sadias, em que todos cresçam e se realizem enquanto seres humanos e cidadãos.
>
> Franz Fanon

> Ensinar o povo a ver o mundo criticamente é sempre uma prática incômoda para os que fundam os seus poderes sobre a inocência dos explorados.
>
> Paulo Freire

1. A maldição de Cam: o início da desqualificação dos povos africanos

Em 2010, um terremoto varreu o Haiti e deixou um rastro de milhares de mortos e centenas de milhares de desabrigados. Logo depois, o cônsul haitiano no Brasil, George Samuel Antoine, virou notícia no mundo inteiro ao dizer que a catástrofe haitiana dera-se porque "todos os africanos e seus descendentes são amaldiçoados (...)".

Está bem, eu explico: a população haitiana é composta essencialmente por descendentes de africanos, que vieram escravizados para as Américas. O Haiti foi o primeiro país a abolir a escravidão e a ser governado por pessoas de origem africana. A Revolução do Haiti é uma das histórias mais interessantes de que temos notícias, e com muitos reflexos no Brasil pré-abolição (falaremos dela no capítulo III). O que devemos nos perguntar é que maluquice é essa de maldição africana? Esse negócio de maldição é sinistro, mas você vai ver que não se trata apenas de uma lenda... Tem a ver com a construção dos preconceitos que rondam as pessoas de pele escura.

Daqui em diante vamos iniciar uma série de descobertas sobre os preconceitos que rondam a "cor" dos africanos e seus descendentes. Começamos pela primeira colonização da África pelos portugueses, na época das Grandes Navegações (século XV). Para esta aventura, vamos precisar de alguns estudos do professor de Literatura Alfredo Bosi — membro da Academia Brasileira de Letras — e do sociólogo Antonio Sérgio Guimarães, professor titular da Universidade de São Paulo.

> "A palavra ÁFRICA possui até o presente momento uma origem difícil de elucidar. Foi imposta a partir dos romanos sob a forma AFRICA, que sucedeu ao termo de origem grega ou egípcia LYBIA, país dos Lebu ou Lubin do Gênesis. Após ter designado o litoral norte-africano, a palavra África passou a aplicar-se ao conjunto do continente, desde o fim do século I antes da Era Cristã". (Ki-Zerbo, historiador de Burkina-Faso, 2010, p. 31).

Até que o cônsul não é tão doidão assim. Ele se baseou numa das mais polêmicas questões relativas à situação dos africanos: a justificativa da escravidão dos povos de pele escura pelo cristianismo.

A maldição de Cam é um evento bíblico, relatado no livro da Gênesis (9, 18-27). A história é mais ou menos assim: Noé, o primeiro a plantar parreiras no mundo, segundo a Bíblia, teria ficado nu ao se embebedar com seu próprio vinho, e Cam (filho mais novo), ao ver o pai naquelas condições, riu-se e contou a seus outros irmãos, Sem e Jafé. Noé ficou enfurecido ao saber que seu filho o vira nu e, em vez de amaldiçoar Cam, lança sua indignação ao neto, Canaã.

O fato é que existem dezenas de teorias diferentes sobre — com todo o respeito! — a ressaca de Noé. O problema é que a maldição prevê que a descendência de Cam e de seu filho Canaã seja escravizada por seus tios Sem e Jafé. Alfredo Bosi (1992, p. 257) explica que os descendentes de Cam "seriam os povos escuros da Etiópia, da Arábia do Sul, da Núbia, da Tripolândia, da Somália (na verdade, os africanos do Velho Testamento)".

> "Desde que foram empregadas as noções de 'brancos' e 'negros', para nomear genericamente os colonizadores (brancos), considerados superiores, e os colonizados (negros), os africanos foram levados a lutar contra uma dupla servidão, econômica e psicológica. Marcado pela pigmentação de sua pele, transformado em uma mercadoria entre outras, e destinado ao trabalho forçado, o africano veio a simbolizar, na consciência de seus dominadores, uma essência racial imaginária e ilusoriamente inferior: a de **negro**". (M. Amadou Mahtar M'Bow, 2010, p. 22).

A lenda de Cam circulou durante os séculos XVI, XVII e XVIII para justificar a escravidão dos africanos pelo sistema colonial, que também via na escravização uma forma de catequese cristã. Para Guimarães (2008), apesar das suas origens pouco explicadas, a maldição de Cam foi aceita por teólogos como Santo Agostinho e São Jerônimo para justificar a escravidão e só posteriormente, a partir dos séculos XVI e XVII, explicar a "cor" dos escravizados. "Eles casualmente aceitaram a presunção de que os africanos seriam descendentes de um dos quatro filhos de Cam (Cã)" (p. 26).

A história nos mostra que a maldição de Cam foi o evento mítico que respaldou em 1455, com a promulgação da Bula Papal Romanus Pontifex, a escravização e a exploração da África pelo reino de Portugal. Como novamente nos ensina Guimarães (2008), "ao explicar a inferiorização de alguns povos como decorrência de sua ascendência e instituir a cor como marca de maldição, o cristianismo tornava o *status* social dos oprimidos muito mais rígido" (p. 26).

> Apesar do mito, muitas descrições das sociedades africanas (realizadas por portugueses) são consideradas isentas de preconceito racial ou religioso.

A que reflexões nos levam essas informações? Não vale dizer que o cônsul do Haiti é um cara antiquado! A questão é: a Igreja Católica pretendia conter o avanço do Islã na África, iniciado no século VII e já completamente estabelecido em muitas sociedades africanas. Por isso, mandou escravizar e expropriar todos os "infiéis" encontrados por lá. Por outro lado, os portugueses buscavam melhores condições para adquirir ouro e prata. Esses motivos fizeram com que a lenda da maldição de Cam se ajustasse perfeitamente aos objetivos tanto da Igreja — que pretendia aumentar o número de fiéis — quanto do reino de Portugal. Foi a colonização da Espada e da Cruz!

Para quem gosta de poesia, pode ser bem legal dar uma lida em "Vozes d'África" (1868), do poeta e abolicionista Castro Alves, para perceber como ele trata essa versão bíblica do cativeiro. Vejamos as estrofes mais significativas de "Vozes" — obra publicada no mesmo ano de "Navio Negreiro" — para que possamos entender o que Castro Alves nos quis dizer (Alfredo Bosi, 1992, p. 252-253):

Foi depois do dilúvio... um viandante,
Negro, sombrio, pálido, arquejante,
Descia do Arará...
E eu disse ao peregrino fulminado:
"Cam... serás meu esposo bem-amado...
Serei tua Eloá..."

Desde este dia, o vento da desgraça
Por meus cabelos ululando passa
O anátema cruel.
As tribos erram do areal nas vagas,
E o Nômada faminto corta as plagas
No rápido corcel.

Vi a ciência desertar do Egito...
Vi meu povo seguir — Judeu maldito —
Trilho de perdição.
Depois vi minha prole desgraçada
Pelas garras d'Europa — arrebatada —
Amestrado falcão!

Cristo! embalde morreste sobre um monte...
Teu sangue não lavou de minha fronte
A mancha original.
Ainda hoje são, por fado adverso,
Meus filhos — alimária do universo,
Eu — pasto universal.

Hoje em meu sangue a América se nutre
— Condor que transformara-se em abutre,
Ave da escravidão.

Ela juntou-se às mais... irmã traidora
Qual de José os vis irmãos, outrora,
Venderam seu irmão.

Basta, Senhor! De teu potente braço
Role através dos astros e do espaço
Perdão p'ra os crimes meus!
Há dois mil anos... eu soluço um grito...
Escuta o brado meu lá no infinito,
Meu Deus! Senhor, meu Deus!

Estima-se que 27 milhões de homens, mulheres e crianças ao redor do mundo vivem, hoje, na condição de escravizados. (Fonte: Free the Slaves; Human Rights Watch; Amnesty International e International Labour Org.)

Essa lenda ganhou várias versões ao longo dos tempos, até mesmo no Brasil. Lembro-me de minha bisavó contando a história de como Deus criou o homem. Ela dizia:

— Num minuto de distração, Deus queimou demais o barro com o qual fazia os homens. Saíram todos queimados, muito pretos. Aí, Ele criou um lago para lavar aqueles que nasceram com defeito (?)... Muitos só conseguiram lavar a palma das mãos e a sola dos pés.

Muitas outras histórias podem ser comparadas a essa, infelizmente. As versões variam conforme a época e a região do país. Em todas elas está presente esta **deformação** da tradução das Escrituras, que é a maldição de Cam.

A escravidão de africanos por eles mesmos

Mais uma vez, vou colocar você numa saia justa. Quantas vezes afirmaram que não há culpados pela escravização de africanos, já que a escravidão era praticada na África, muito antes da chegada dos europeus? Para falarmos sobre isso, aconselho que você se dispa dos preconceitos e do senso comum. O problema é que ainda existem pessoas que preferem pensar a escravidão de forma cômoda, sem considerar que estamos falando de muitos sistemas sociais, influenciados por uma série de fatores culturais e políticos, distantes de nós no tempo e no espaço.

O fenômeno da escravidão é essencialmente humano e muito antigo, praticado desde tempos imemoriais. Quase todas as grandes sociedades — Roma, Grécia, Egito etc. — praticaram este sistema. Ainda hoje temos notícias da libertação de "escravos" em algum lugar do mundo. Dê uma olhada nos jornais... de vez em quando aparecem notícias de fazendas que ainda utilizam mão de obra escrava.

O que devemos nos perguntar é o seguinte: a escravidão praticada internamente no continente africano (até o século XV) tinha alguma semelhança com a que foi promovida após os contatos com os europeus — que sequestraram milhares de africanos para as Américas? A resposta, definitivamente, é não!

Existem muitos estudos especializados sobre o tema. A maioria dos seus autores não gosta de usar o termo "escravidão" para se referir ao tipo de servidão nesse período (antes da colonização europeia). No entanto, o consenso dos pesquisadores é de que existia um sistema escravagista doméstico ou de linhagem, isento de função comercial. As razões pelas quais as pessoas poderiam ser escravizadas variavam: de mulheres para servirem como concubinas (prática comum nos países muçulmanos, onde os filhos nasciam livres e portadores de direitos e a própria mulher era liberta após a morte do marido), punição de crimes ou garantia de dívidas, até aqueles que abriam mão de sua própria liberdade para conseguir alimentos para suas comunidades. A pessoa era trocada por comida e isso fazia com que o grupo diminuísse a quantidade de gente para sustentar. Nesses grupos a "propriedade", incluindo a de comida, era coletiva.

> Segundo Souza (2003, p. 18), "(...) os escravos poderiam ter acesso à terra, enquanto meio de produção, poderiam casar-se com pessoas livres e, algumas vezes, eram considerados como membros da família de seu proprietário".

A partir do século X, com a expansão muçulmana no continente, a escravidão ganhou um novo conceito. O tráfico de africanos para a Ásia, Península Arábica e Europa passou a ser preferencialmente de crianças (na sua maioria, meninos que eram castrados para servirem como eunucos) e mulheres (para serem esposas), por serem mais facilmente adaptáveis à lógica escravagista. Porém, o sistema implementado pelos muçulmanos previa formas mais flexíveis de libertação, como, por exemplo, a expiação de um pecado do "dono". Para Sami Isbelle, diretor da Sociedade Beneficente Muçulmana do Rio de Janeiro, "o Islam nunca pregou a escravização de pessoas e, mesmo nessa época, a libertação dos escravizados já era incentivada de muitas maneiras".

Portanto, é possível perceber que a escravidão praticada no continente africano até o século XV tinha uma característica mais política — de supremacia entre reinos e grupos étnicos — que propriamente econômica. Ao contrário do que aconteceu nas Américas, onde a escravização de indígenas e africanos tornou-se a base do sistema produtivo de riquezas.

> Diz Hebe Maria Mattos (2010):
> "O tráfico atlântico de africanos escravizados para as Américas foi oficialmente considerado crime contra a humanidade pela ONU (...). Também as condições de desequilíbrio que permitiram a colonização europeia da África e a extrema pobreza do continente africano hoje se apresentam, pelo menos em parte, como decorrência do impacto do tráfico negreiro nas sociedades africanas".

2. A África é um continente — divisão regional (séculos XIX e XX)

Pense rápido: quantos países tem a África? Tauosre é o nome de um país ou foi rainha do Egito? Se você não sabe nenhuma das duas respostas, não precisa ficar deprimido. Sabe responder? Então, nem tente se sentir o "último biscoito do pacote"! Tem muita gente que não conseguiria responder a nenhuma das duas perguntas e, ainda assim, conhece mais da África do que eu e você, juntos!

Não é possível uma pessoa dominar todo o conhecimento sobre o continente. Por isso, para começarmos a viagem pelas regiões africanas teremos de chamar um guia. Escolhi o sociólogo José Maria Nunes Pereira, que foi cofundador do Centro de Estudos Afro-asiáticos da Universidade Cândido Mendes, em 1973. Ele tem uma visão muito interessante da divisão do continente e está por dentro dos conflitos políticos que deram à África a cara que tem hoje.

> A África é o terceiro continente mais extenso (atrás da Ásia e da América), com cerca de 30 milhões de quilômetros quadrados. Cobre 20,3% da área total de terra firme do planeta e é o segundo continente mais populoso da Terra, com aproximadamente um bilhão de pessoas.

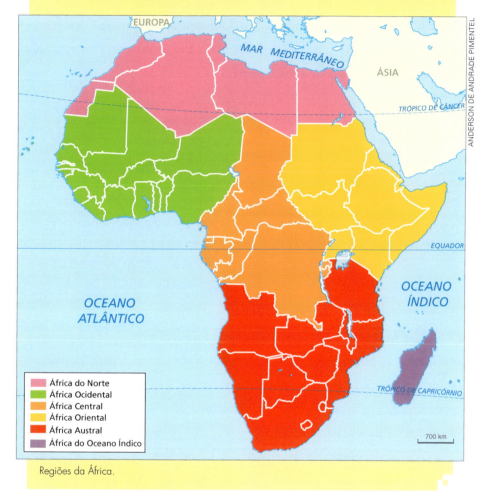

Regiões da África.

Fomos acostumados a lidar com os assuntos africanos de forma generalizada e nos esquecemos da enorme diversidade étnica, política e cultural. Isso sem falar nos processos de exploração europeus que mudaram de forma profunda a face do continente. Nosso guia irá nos ajudar a navegar por essa grande variedade de sociedades e a entender como o processo exploratório da África pela Europa influenciou a geografia, a história e a compreensão que temos do continente.

Uma coisa que devemos saber é que a divisão da África em países é muito recente. A estrutura geopolítica que conhecemos hoje começou a ser desenhada na década de 1880. Ocorreu como partilha dos territórios colonizados e é posterior à desestruturação de impérios e reinos no período do tráfico de africanos para as Américas.

> Toda vez que utilizamos o termo "colonização" nesta unidade falamos da que está ligada diretamente à exploração do continente pelas potências europeias (França, Alemanha, Itália, Bélgica e Espanha). Esses países, a partir da Revolução Industrial (século XIX) e da "corrida para a África", pretendiam disputar hegemonia econômica com a Inglaterra — que, após as quedas das ocupações portuguesas, comandava sozinha a relativa totalidade dos mercados asiáticos e africanos.
> Colonização da Idade Moderna é a exploração da África, ocorrida entre os séculos XV e XVIII, praticada basicamente pelo reino de Portugal.

José Maria Nunes Pereira tem uma forma didática para explicar a divisão do continente: ele nos mostra que a África, com seus 54 países, pode ser dividida em seis macrorregiões. Ele não privilegia apenas a geografia física, mas leva em consideração a diversidade das culturas e suas interrelações. Vamos a elas:

África do Norte — Formada por Líbia, Egito, Tunísia, Argélia e Marrocos — os cinco maiores PIBs do continente. Ocupa posição estratégica por dividir a bacia do Mediterrâneo com a Europa e o Oriente Próximo. Apesar de a Argélia e o Marrocos possuírem forte presença de bérberes (comunidades originárias), nosso mestre a considera uma das regiões mais homogêneas do continente: "de modo geral, tem uma só religião, o Islã, uma só língua, o árabe" (2002, p. 66). A África do Norte possui duas sub-regiões:

- Machreck (em árabe, significa "levante") — com a Líbia e o Egito, prolonga-se para fora do continente, até a Península Arábica;

Machreck.

- Magreb ("onde o sol se põe", em árabe) — compreende a Tunísia, a Argélia e o Marrocos.

Magreb.

> O Marrocos é um Estado com mais de mil anos, governado há quase três séculos pela dinastia alauíta (Alaoui).

Nunes Pereira também nos ensina que, "(...) devido à predominância árabe da região e às consequentes afinidades histórico-culturais e linguísticas, ela é separada, em alguns livros, do resto do continente e agrupada ao estudo do Oriente Médio" (2002, p. 65).

> O psiquiatra Franz Fannon foi um dos maiores expoentes da Revolução da Argélia pela independência, ocorrida de 1954 a 1962.

África Ocidental — É a macrorregião com maior número de países e onde estão os menores Estados, resultado da "balcanização colonial". Formada por dezesseis países, sendo treze deles — Benin, Cabo Verde, Costa do Marfim, Gâmbia, Gana, Guiné, Guiné-Bissau, Libéria, Mauritânia, Nigéria, Senegal, Serra Leoa e Togo — situados na costa Atlântica. Os outros três — Burkina-Faso, Mali e Níger — não têm saída para o mar e compõem, com a Mauritânia e o Chade (país da África Central), a região do Sahel, sub-região que liga as duas "margens" do Saara. Uma das zonas mais problemáticas da África, marcada por forte desertificação.

> As fronteiras dos Estados africanos foram desenhadas sem que a diversidade étnica e cultural dos povos fosse considerada. Isso gerou a divisão de um mesmo grupo étnico em dois ou três países. Esse processo chama-se "balcanização colonial" da África.

"Nós" do Brasil: Estudos das relações étnico-raciais

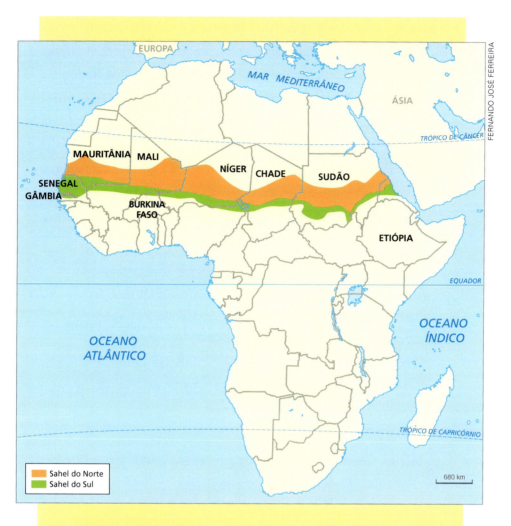

Sahel: do árabe *sahil*, margem. Aqui, margem do deserto, considerado como um oceano.

Nosso guia também informa que desta região vieram os primeiros africanos escravizados para o Brasil (zona da Guiné-Bissau e Senegal). Ainda no início do século XIX foram trazidos os iorubás para Salvador, do atual Benin (antigo Daomé), chamados nagôs, e seus vizinhos, dos atuais Togo, Gana e Nigéria.

África Central — Região rica em petróleo, além de urânio e manganês. Situada em sua maior parte na zona equatorial, apresenta fraca densidade demográfica. É composta por Burundi, Camarões, República Centro-Africana, Chade, Congo (Brazzaville), República Democrática do Congo (ex-Zaire), Gabão, Guiné-Equatorial, Ruanda e São Tomé e Príncipe.

Nunes Pereira explica que Burundi e Ruanda são frequentemente considerados como parte da África Oriental. Para nós, o que vale é o caráter geopolítico e a integração regional.

> Do ponto de vista histórico, o reino do Congo e seus vizinhos vassalos constituíram a mais famosa entidade política pré-colonial da região, tendo iniciado as suas relações com os portugueses em 1482. (...) O reino sofreu, muitas décadas após o contato dos portugueses, uma forte desestruturação com o tráfico de seres humanos. (2002, p. 70-71).

A África Central foi colonizada por cinco potências europeias: Bélgica, Espanha, Alemanha, França e Inglaterra.

África Oriental — Esta região está voltada para o oceano Índico e mantém duradouras relações com o mundo árabe e o subcontinente indiano. É formada por Etiópia, Eritreia, Djibuti, Somália, Sudão, Sudão do Sul (elevado a território independente em 2011, depois de anos de lutas religiosas), Uganda, Quênia e Tanzânia. A África Oriental não apresenta a relativa homogeneidade sociocultural das demais, sendo dividida em duas sub-regiões:

<u>Chifre da África</u> (norte-oriental) — Com importância estratégica, devido ao petróleo e à proximidade com o Oriente Médio, é formada

por Etiópia, Eritreia, Djibuti (ex-colônia francesa), Somália e Sudão — que poderia ser considerado como pertencente à África do Norte, por sua contiguidade ao Egito. "Contudo, uma forte comunidade negra, cristã ou animista, no Sul, faz com que ele se diferencie bastante da África do Norte" (Nunes Pereira, 2002, p. 72).

A Etiópia, considerada o país mais importante do Chifre, é o único país africano que nunca foi colônia de nenhuma potência, embora tenha sido ocupada pela Itália entre 1936 e 1941. A resistência foi comandada pela **Imperatriz Taitu Betul**, que liderou os exércitos etíopes contra os italianos.

Foto de Henri Meyer para *Le Petit Journal*, 29 mar. 1896.

A história recente do povo sudanês é marcada por um dos maiores genocídios em andamento no mundo, em Darfur (região oeste do Sudão), que teria vitimado, até 2006, cerca de 500 mil pessoas e desalojado mais de dois milhões de sudaneses (dados da ONU).

<u>**África centro-oriental**</u> — Região da "cultura suaíli, cujo idioma foi a língua franca de penetração dos árabes para o tráfico de escravos

que durou perto de dez séculos" (Nunes Pereira, 2002, p. 73). Formada pelas ex-colônias inglesas (Uganda, Quênia e Tanzânia), foi pioneira ao promover a integração econômica com a criação do Mercado Comum da África Oriental (1960). "Com o desenvolvimento político e econômico da região, a Tanzânia 'migrou' para a África Austral, e o Quênia consolidou a sua posição de mais importante polo econômico de toda a região" (idem).

África Austral — Região situada entre os oceanos Atlântico e Índico. De valor estratégico — pela Rota do Cabo ainda passam cerca de dois terços do petróleo que, vindos do Oriente Médio, abastecem o Ocidente. A faixa Atlântica confere proximidade com o Cone Sul da América Latina. A fachada do Índico a coloca em contato com o Oriente Médio e países asiáticos, com quem mantém uma longa trajetória de comércio e influência mútua na região. A região contém um dos maiores acervos minerais do mundo, indispensáveis à Europa e aos Estados Unidos. Apresenta alto índice de integração regional, apesar da diversidade étnica sem paralelo em qualquer outra região do continente. Esta peculiaridade é devida, em parte, ao seu mais antigo e **maior processo de implantação de colonos europeus.**

É composta por onze países: África do Sul, Angola, Moçambique, Namíbia, Tanzânia (todos com costa marítima) e Botsuana, Lesoto, Malavi, Suazilândia, Zâmbia e Zimbábue, que, conforme explica o mestre Nunes Pereira (2002, p. 74), "por não terem saída para o mar, possuem um fator a mais para ensejar a integração".

> Dos onze países da África Austral, nove têm o inglês como língua oficial. Os outros dois são Angola e Moçambique, cujo idioma é o português. Esse também é o idioma usado por 400 mil residentes na África do Sul.

Nzinga Mbandi Ngola (1587-1663), a rainha do povo Ginga de Matamba e Angola, é um marco da resistência aos portugueses. Acesse a biografia de Nzinga, disponível em: http://www.usp.br/revistausp/28/10-serrano.pdf. Acesso em: 7 jul. 2012.

Foto de François le Villain. *Bibliothèque des Arts Decoratifs*, Paris, França.

Conforme já alertamos, a configuração aqui expressa não é normalmente considerada na divisão geográfica do continente. "Ela vem se consolidando nas últimas décadas por razões geopolíticas e geoeconômicas" (2002, p. 74). Um bom exemplo é a Tanzânia, país situado na África Oriental, mas que faz parte de todos os organismos internacionais da região. Angola e Zâmbia são países que, histórica e culturalmente, fazem parte da África Central.

> A etnia Hereró, dividida entre Angola e Namíbia, é um exemplo da "balcanização". A parte que ficou na Namíbia foi dizimada pela Alemanha entre 1904 e 1907, durante a partilha da África. A ONU reconheceu que este foi o primeiro genocídio do século XX.

> Numa linha de raciocínio simplificada, poderíamos dizer que, desde o início, a África Austral teve um processo perverso de integração, desenhado pela mão pesada de uma colonização de ocupação (ou de povoamento). Esse processo foi economicamente detonado, um pouco antes do século XIX, com a descoberta de grandes jazidas de diamantes e ouro. (Nunes Pereira, 2002, p. 76).

África do oceano Índico — Formada pelas Ilhas de Madagascar (maior do continente), Maurício, Reunião (integradas à França) e os arquipélagos de Comores e Seychelles, é também conhecida como região Indo-oceânica, constantemente agregada à África Oriental.

> "Lugar de mistura de civilizações, o Índico tornou-se nas últimas décadas um espaço de defrontamento entre as grandes potências." (Nunes Pereira, 2002, p. 79).

Conforme nos ensina Nunes Pereira (2002), Madagascar, ou República Malgache, foi ocupada pelos franceses em 1896 e recebeu migrações do continente africano e da Ásia tropical. A língua malgache, a oficial de Madagascar (ensinada nas escolas para alfabetização), é de origem malaia. Por essa razão, o povo se considera mais afro-asiático que propriamente africano.

Comores, Maurício e Seychelles são habitadas por vários povos — árabes, africanos, indianos e europeus — que deram origem a culturas-síntese, crioulas, porém diferenciadas entre si.

A República Maurícia distingue-se pela estabilidade de seu sistema multipartidário e parlamentarista. Grande produtora de açúcar e de confecções com alta tecnologia, foi considerada pela ONU "um novo país industrializado" da África.

3. Egito

> O Egito não é apenas uma dádiva do Nilo:
> é, acima de tudo, uma criação do homem.
> Gamal Mokhtar, educador e diplomata,
> nascido em Alexandria.

Tenho certeza de que você acompanhou a "Primavera Árabe", que derrubou um grande número de governos e sacudiu o Oriente Médio, em 2011. Não? Então, atualize-se! Mas há uma parte que eu quero contar. O povo egípcio, nesses eventos, conseguiu tirar o poder de Hosni Mubarak, que comandou o país por 30 anos. Mas isso nem deveria causar surpresa, já que os egípcios têm milhares de anos de experiência em matéria de revolução popular. Duvida? Um achado arqueológico da

> **Muçulmano:** religioso que segue o Corão, livro sagrado ditado ao profeta Muhamad (Maomé, em português).
>
> **Árabe:** aquele que nasce em países da Liga Árabe ou adota o árabe como língua materna.

10ª Dinastia dos Faraós, chamado "Protesto do Camponês Eloquente", data de aproximadamente 4,3 mil anos atrás. Em papiro, escrito em hieróglifos, exprime — já naquele tempo! — o descontentamento com a situação do país.

Claro que o "Protesto" não tem nada a ver com a "Primavera". Porém, os pesquisadores o consideram um dos primeiros passos em direção à revolução social e à democracia... no Egito Antigo! Mas, ops, peraí... Não aprendemos no capítulo anterior que o Egito fica na África?!

Vamos por partes... Há autores que defendem que há mais **muçulmanos** (seguidores da doutrina religiosa de Maomé) na África que no Oriente Médio. Isso ocorre devido às trocas culturais entre o Islã e muitos povos africanos, a partir do século VII d.C. O Egito é um país essencialmente **árabe**, apesar de não ser, necessariamente, um país muçulmano. Ele foi "arabizado" (adotando a língua, os modos e costumes árabes) logo depois das ocupações bizantinas, que sucederam as invasões vândalas — iniciadas no período pós-romano. O Egito Antigo foi governado por sudaneses, persas, sírios, gregos, romanos... Ufa! Contar a história do Egito não é fácil!

Para você ter ideia da importância desse país e de sua história, os organizadores da coleção "História Geral da África", publicada pela Organização das Nações Unidas para a Educação, a Ciência e a Cultura (Unesco), ao iniciarem a saga do continente, na tentativa de apresentar uma visão isenta de estereótipos, que fosse além do tráfico de escravos e da pobreza, começaram exatamente pelo Egito. A necessidade que a comunidade acadêmica tem de resgatar a história do país deve-se à importância das realizações africanas para a humanidade.

Mas, não se empolgue! Se alguém tivesse a pretensão de "recortar" a história do Egito para demonstrar, mesmo que de forma muito limitada, os encontros culturais entre egípcios e outros povos africanos, semitas, asiáticos e europeus, em épocas distintas; ou para inventariar o legado do Antigo Egito para o mundo, seria necessário escrever uma enciclopédia. Sério! Sabe por quê?

1. As trocas culturais e comerciais entre esses povos aconteciam por caminhos (ou rotas) que cortavam o deserto e parte da África e chegavam até o continente asiático. Até hoje, nem todas as rotas entre o Vale do Nilo e as partes sul e central da África foram estudadas. Assim como as que, passando pelo Vale, chegavam ao Mediterrâneo e à atual Europa. É possível que muitas nem sequer sejam conhecidas pelos cientistas. Por consequência, as influências egípcias que chegaram aos povos da Antiguidade ainda estão "obscurecidas". Por outro lado, as possíveis influências que esses mesmos povos exerceram sobre o Egito, ainda hoje, não puderam ser comprovadas.

2. Quando nos referimos ao Egito, falamos de uma civilização que deixou um legado enorme nas artes, escrita, indumentária, literatura, religião, arquitetura, medicina, técnicas cirúrgicas, além da matemática, geometria e de muitas outras áreas das ciências.

Portanto, preciso me contentar em trazer para você apenas algumas visões contemporâneas. E olha que não é um trabalho fácil!

A história do Egito remonta à ocupação do Vale do Nilo, provavelmente no início do Neolítico (Pré-história). Seus primeiros habitantes, vindos de vários pontos do globo, desenvolveram a agricultura — que possibilitou a adoção de uma forma de vida aldeã, estável e integrada —

e atividades pastoris. Isso sem falar na construção do primeiro sistema de irrigação da História. Os trabalhos em cerâmica vieram mais tarde, depois de aperfeiçoarem os instrumentos e armas de pedras. Acredita-se que esta época foi crucial para a formação das culturas africanas, já que as relações eram mais fáceis entre o Vale do Nilo e o Oriente Médio, e também entre o norte e sul do continente. Até o século VII da nossa era, o Vale do Nilo era uma rota privilegiada de intercâmbios entre a África e o Mediterrâneo.

> Os mais antigos fósseis de hominídeos, com cerca de cinco milhões de anos, foram encontrados na África Oriental, mais especificamente no Great Rift Valley. Este achado arqueológico permite considerar o continente como o "berço da humanidade".

Primeiros egípcios

> DEVIDO A SUA POSIÇÃO, NO ÂNGULO NORDESTE DO CONTINENTE AFRICANO, ERA INEVITÁVEL QUE O VALE DO NILO COMO UM TODO E O EGITO, EM PARTICULAR, SE TORNASSEM O PONTO DE CHEGADA DAS CORRENTES MIGRATÓRIAS ORIUNDAS NÃO SOMENTE DA ÁFRICA, MAS TAMBÉM DO ORIENTE MÉDIO, E MESMO DA EUROPA.
> Gamal Mokhtar

Não há consenso sobre a "cor" dos primeiros egípcios. O entendimento dos cientistas é de que no período Neolítico eles fossem mestiços. O professor Cheikh Anta Diop, pesquisador da origem dos povos e da escrita egípcios, defende que a população do vale do Nilo era negra — com exceção de uma infiltração de nômades de pele clara, no início das Dinastias Faraônicas. Outros autores, como El Nadury, especialista em História Antiga, e Abu Bakr, historiador do Egito Antigo, acreditam não ser possível que a população fosse negra em sua totalidade. Como se vê, é discussão para muitos anos.

> Cheickh Anta Diop (2010) afirma que os egípcios se autodesignavam **kmt** = os negros. "Essa palavra é a origem etimológica da conhecida raiz **kamit** (...). Dela deriva, provavelmente, a raiz bíblica **kam**".

O tempo dos faraós

A civilização faraônica durou cerca de três mil anos e, até agora, conhecemos 30 dinastias, que foram divididas em oito períodos: o Arcaico diz respeito às duas dinastias fundadoras, das quais pouco se sabe; os outros dividem-se em Antigo Império, Primeiro Período Intermediário, Médio Império, Segundo Período Intermediário, Novo Império, Terceiro Período Intermediário e Baixa Época (que marca o declínio dos faraós e o domínio por Roma)

> No clipe produzido por Michael Jackson para a música "Remember the time", todos os atores eram negros, ao contrário de muitas outras produções americanas, nas quais os egípcios foram representados com pele clara.

O primeiro período ocorreu por volta de 3.200 a.C. e se configurou quando Menés (ou Narmer) uniu as partes Alta e Baixa do Nilo e tornou-se o fundador da primeira das 30 dinastias, ou famílias governantes, em que o historiador egípcio Mâneton (século III a.C.) dividiu a longa linhagem de soberanos até a época de Alexandre, o Grande. Narmer impôs seu domínio e fundou a capital Mênfis no meio do vale, com o objetivo de consolidar a unidade política do país. Mas ele não foi um faraó. O dogma que tratava o governante do Egito como um deus só iria surgir a partir da 3ª Dinastia.

> Mâneton: egípcio designado pelos reis ptolomaicos (que governaram o Egito de 305 a 30 a.C.) para documentar a história dos faraós. Poucos de seus escritos sobreviveram ao incêndio da Biblioteca de Alexandria.

O faraó era responsável por todas as ações administrativas, políticas e religiosas do reino — isso não faz você pensar em alguns governos aqui na América Latina? Porém, mesmo tendo um poder relativamente absoluto, ele não o exercia livremente e todos os seus atos eram regulados por ritos e obrigações.

Mulheres faraós

Meninos: tremei! O Egito faraônico esteve sob o domínio de quatro mulheres: Nitocris (6º reinado), Sebeknefru (12º reinado), Hatshepsut, tia de Tutmósis III, e Tauosre, 19ª Dinastia. Alguns pesquisadores defendem que o direito à sucessão ao trono do faraó era determinado pela mãe do soberano. Ou seja, o Egito teria vivido um sistema matriarcal. Porém, mesmo não havendo provas de que o sistema da realeza egípcia tinha o matriarcado como base, as mulheres possuíam um papel fundamental nas cortes dos faraós. Há relatos de que elas (viram, meninas?) exerciam influência determinante em questões políticas e religiosas no Médio Império e, principalmente, em tempos posteriores.

Para a pesquisadora da Universidade de Cambridge, Sally Ann Ashton, a mais famosa rainha do Egito possuía os cabelos muito encaracolados, presos em tranças, rosto arredondado, nariz achatado e pele bem escura. Muito diferente das que foram eternizadas em obras de arte e no cinema.

Cleópatra VII, a célebre rainha do Egito, filha de Ptolomeu XI, só ocupou o trono muito mais tarde, de 51 a 30 a.C. Após sua morte, o Egito passou ao domínio do Império Romano. Suas estratégias políticas e seus amores eternizaram-se em grandes produções de Hollywood. Mas, ela é só a mais "famosa". Histórias de mulheres africanas que foram para a frente de batalhas, governaram reinos e, de muitas formas, foram responsáveis pela estabilidade política de seus países, são muitas.

Escrita

O Egito desenvolveu a escrita em hieróglifos há aproximadamente seis mil anos. Ao longo do tempo, uma complicada relação entre símbolos e sons fez dela uma das mais difíceis do mundo para a tradução. É possível que, ao mesmo tempo, a Mesopotâmia (o termo designa um vale entre os rios Tigre e Eufrates, no atual Iraque) e a Ásia também tenham desenvolvido sistemas semelhantes. Alguns estudiosos acreditam que a escrita egípcia tenha sofrido influência desses povos, em sua origem. O fato é que, ao acompanhar o desenvolvimento dos seus símbolos — que representam a flora e a fauna do Nilo —, os cientistas concluíram que a escrita egípcia é puramente africana.

Contatos dos egípcios com a escrita judaica devem ter contribuído para a invenção de um verdadeiro alfabeto que, tomado de empréstimo pelos gregos, chegou até a Europa. Mas, com a derrubada do império egípcio pelos romanos (30 a.C.), a escrita egípcia foi esquecida. Apenas o *copta* (língua egípcia clássica) foi falado até o século XVII e permanece, nos nossos dias, como língua litúrgica da Igreja Ortodoxa Copta.

O *walaf* — idioma falado no Senegal — também apresenta similaridades com a escrita egípcia. Muitos fonemas se mantêm inalterados nas duas línguas.

Vida após a morte e monoteísmo

Em nenhuma outra civilização a ideia de vida após a morte foi levada tão a sério. A crença deve ter sido favorecida pela aridez do clima que conservava os cadáveres por muito tempo.

Uma outra crença — a do deus único — foi proposta pelo faraó Amenófis IV (Akhenathon — "O que está a serviço de Athon"), durante o final da 18ª Dinastia.

Arquitetura

Imhotep (o nome é o mesmo usado pelo vilão do filme *A múmia*, lembra?) foi súdito do faraó Zoser (3ª Dinastia). Arquiteto, médico, sacerdote e escritor, após 2.300 anos de sua morte os gregos o "sincretizaram" como o deus da medicina. Como arquiteto, sua maior inovação foi a substituição de pedras (na construção da pirâmide de degraus) por tijolos.

Pirâmides

Para a construção das pirâmides foi necessário um conhecimento tão avançado de matemática e geologia que há muita gente séria que jura que elas são obras de ETs. Pesquisadores acreditam que tenham sido necessários mais de 30 mil homens para erguer apenas uma delas. Das cem pirâmides do Antigo Egito, a de *Khufu* (em antigo egípcio) ou *Queóps* (em grego) é a maior e mais conhecida.

Médicos e dentistas

Sabe aquele cimentinho branco que o dentista usa para fazer obturação no dente? Já era usado no Egito! Os textos que testemunham o avançado conhecimento da medicina e da odontologia contêm ilustrações com técnicas cirúrgicas e descrevem, detalhadamente, os métodos de cura prescritos para as mais variadas doenças. Os documentos remontam ao Antigo Império, a 2500 a.C.

Náutica

E aí, gosta de *windsurf*? Os egípcios já andavam de barcos a vela pelo Mar Vermelho e o Mediterrâneo, desde a Antiguidade. Ah, e nenhuma fonte comprova que os fenícios (antigo povo do Mediterrâneo Ocidental) tenham introduzido a navegação no Egito.

Fabricação de vidro

Toda vez que você quebrar uma janela da vizinha ou um enfeite da sua mãe, vai lembrar que o vidro transparente surgiu no reinado de Tutankamon, em 1300 a.C. Acredita-se que, 600 anos mais tarde, os vasos egípcios tenham chegado à região do Mediterrâneo.

Papiro

Este produto de "exportação" egípcio era utilizado desde a 1ª Dinastia, em 3 mil a.C. Foi adotado pelos gregos, romanos, coptas, bizantinos, arameus e árabes. Grande parte da literatura grega e latina nos chegou em papiros.

Biblioteca de Alexandria

Construída no século III a.C., tinha a missão de reunir todo o conhecimento do mundo. As histórias sobre a destruição da biblioteca são muitas e controversas. O fato é que ela abrigou estudiosos de várias etnias, países, línguas e correntes filosóficas. Só isso já deveria nos servir de inspiração e de exemplo de coexistência entre os povos.

Em outubro de 2002, a Unesco e o governo do Egito inauguraram a Nova Biblioteca de Alexandria.

4. A estratégia de colonização pela negação da memória: a "Árvore do Esquecimento"

A RECORDAÇÃO É PARA AQUELES QUE ESQUECEM.
Plotino, 500 a.C.

Responda rápido: qual era o nome do pai do seu bisavô? Ou da mãe dele? É até possível que você saiba, mas se fizer essa pergunta a seus amigos, muitos deles provavelmente não saberão responder. Faça o teste. É possível perceber que uma grande parcela das pessoas que convivem com você não tem ideia de quem são seus parentes mais próximos... isso pode acontecer até na nossa família. O mais engraçado é que, mesmo se você se interessar em saber, vai encontrar muita dificuldade. Para muitos brasileiros, saber quem foram seus tataravós — de onde vieram, do que gostavam, que religiões praticavam, se foram heróis ou pessoas comuns — é tarefa muito difícil. E você sabe por que isso acontece?

Para iniciarmos a nossa conversa, usarei uma definição aparentemente simples do conceito de "memória", da professora Hebe Mattos: memória é "a presença do passado no presente". E o que significa isso? Vou dar um exemplo: como é que podemos construir um futuro melhor se não sabemos o que aconteceu no nosso passado? Ter o passado no presente é saber de que histórias foram feitas as nossas vidas. Em resumo, é saber quem somos e de onde viemos.

Mas, ter memória é algo muito perigoso... pelo menos, os europeus que traficavam africanos como escravos para as Américas acreditavam nisso. E os africanos também, porém com entendimentos diferentes. Vou contar uma história que, antes de ser comprovada pela ciência, já era contada pelos *griôs* — anciãos contadores de histórias, descendentes ou africanos que mantêm viva a memória por meio da oralidade —, histórias que passam da *"boca para o ouvido"*.

Contam que em 1727, no auge do comércio de africanos para as Américas, o rei Agadja (do Daomé, atual Benin) plantou na cidade de Ouidah — ou Ajudá — um pé de baobá, que foi chamado de "Árvore do Esquecimento". Ela ficava próxima ao segundo porto negreiro mais importante do continente. Qual era o objetivo? Os homens, antes de embarcarem nos tumbeiros, davam nove voltas em torno da árvore. As mulheres, sete. Este ritual era para que esquecessem origens, cidades, parentes e, principalmente, seus capturadores.

Os poucos baobás (*Adansonia digitata*) existentes no Brasil foram trazidos por sacerdotes africanos, para fins religiosos. São encontrados em Recife (PE), Fortaleza (CE), Rio de Janeiro, Quissamã (RJ), Natal e Nísia Floresta (RN).

Baobá da Praça da República, Recife, Pernambuco.

Na verdade, os africanos que começaram a empreender guerras (entre os séculos XVII e XVIII) para a captura de servos temiam que os que vinham para as Américas lançassem maldições ou rogassem pragas contra os que ficavam. Na África, a "palavra falada" (compreendida como oralidade) tem uma conotação sagrada e esse é um fato que continua regendo muitas sociedades africanas, até os dias de hoje. Para você imaginar o poder da palavra, acredita-se que, ao contar uma mentira, a pessoa perde o contato com Deus e pode ser expulsa da família — o que representa uma espécie de morte para o grupo social. Agora, imagine ser alvo de uma praga? Por isso era tão importante fazer com que aqueles que eram escravizados esquecessem suas origens.

Já para os europeus havia outro interesse no esquecimento. Eles acreditavam que se os africanos apagassem o passado seria mais fácil que a tripulação dos tumbeiros os dominasse e evitasse rebeliões durante a longa travessia pelo Atlântico. Os africanos que vieram para cá, além de pessoas do povo, eram reis, rainhas, príncipes, altos sacerdotes e generais, que, muitas vezes, eram acompanhados de seus súditos. Para completar a estratégia do esquecimento, os traficantes separavam as famílias dos que chegavam com vida — muitos tumbeiros deixavam os homens no Brasil e levavam mulheres e crianças para outros países, como Cuba. Ou vice-versa. Ao desembarcarem, os escravizados que sobreviviam eram batizados com nomes portugueses (Maria, Rita, Ignácio etc.) pelos quais passavam a ser conhecidos. Para dificultar ainda mais a comunicação entre os escravizados, eles eram segregados em etnias diferentes — para que não conseguissem fazer alianças e contar a história de seus povos. Numa mesma senzala eram reunidas diversas etnias diferentes, muitas vezes inimigas. O que os traficantes não sabiam é que a quase totalidade dos africanos é multilinguista e falam, até, a língua de seus próprios inimigos tribais.

> Ná Agontimé, mãe do rei Ghezo (do Daomé), teria vindo como escravizada para São Luís do Maranhão, em 1797. Aqui, chamou-se Maria Jesuína. Muitos relatos sugerem que ela é a fundadora da Casa das Minas "Querebentan de Zomadunu", que remonta à linhagem da família real do atual Benin.

Mesmo com todas as dificuldades, os africanos que vieram escravizados para o Brasil conseguiram manter suas recordações e perpetuaram — ainda que de forma mítica, tendo como base a oralidade e as mais diversas expressões religiosas e culturais — as tradições de seus povos, que foram decisivas nas manifestações culturais, na religião, na culinária, na música e no nosso jeito de ser. Mas ainda temos muito a descobrir e pesquisar sobre suas histórias.

> Estudos recentes revelaram que na África são falados cerca de dois mil idiomas. Por isso, o africano fala, em média, pelo menos três: o de sua própria etnia, o da etnia com a qual realiza trocas comerciais e a língua do colonizador.

A queima dos arquivos da escravidão: o dilema de Rui Barbosa

> MAIS JUSTO SERIA, E MELHOR SE
> CONSULTARIA O SENTIMENTO NACIONAL,
> SE SE PUDESSE DESCOBRIR MEIO DE INDENIZAR
> OS EX-ESCRAVOS NÃO ONERANDO O TESOURO.
> INDEFERIDO.
> Rui Barbosa, 11 de novembro de 1890.

Durante décadas, o baiano Rui Barbosa (1849-1923) ficou conhecido pela História como o Ministro da Fazenda (1890) que mandou queimar os livros de matrículas e registros de escravizados no país. Eles ficavam sob a guarda de cartórios — iguais a nossas certidões de nascimento, casamento e divórcio — e eram os únicos registros que tínhamos sobre os nascimentos, quantidade de escravos e a quem eles pertenciam no Brasil. E isso tem gerado muitas discussões entre os pesquisadores. Sem esses documentos — que foram todos queimados — não podemos saber oficialmente quais foram as famílias que enriqueceram à custa do trabalho escravo. Muito menos a origem daqueles que viveram sob o jugo da escravidão.

Essa é uma questão central quando se pensa em indenização aos descendentes de africanos escravizados no Brasil, proposta pela III Conferência Mundial Contra o Racismo, Discriminação Racial, Xenofobia e Intolerância Correlata, organizada pela ONU, em 2001*. Porém, os motivos que teriam levado Rui Barbosa a cometer um ato tão radical devem ser tratados à luz da História.

Rui Barbosa era considerado um ferrenho opositor da escravidão no Brasil e um abolicionista de "primeira hora". Homem brilhante, foi jurista, escritor, diplomata, tradutor e chegou a recusar um convite para ser juiz da Corte Internacional de Haia — cargo de enorme prestígio em nível mundial. Mas, precisamos perguntar: como é possível que um homem com essas qualidades mande queimar arquivos públicos tão importantes?

O problema é que, onze dias após a Abolição, foi levado à Câmara um projeto de lei que propunha ressarcimento aos donos de escravos (do prejuízo causado pela liberdade dos cativos). Entre julho e no-

---

* Sobre a III Conferência Mundial contra o Racismo, Discriminação Racial, Xenofobia e Intolerância Correlata, em 2001, consulte: http://www.paulofreire.org/wp-content/uploads/2012/PME_Internacional/documentofinal_conferenciadurban.pdf. Acesso em: 8 ago. 2012.

vembro de 1888, 79 representações já haviam sido encaminhadas ao Legislativo. Em plena República, foi criado um banco cuja finalidade exclusiva era a de receber essas indenizações.

Nesse tempo, Rui Barbosa era o Ministro da Fazenda. E a decisão — de pagar ou não as indenizações aos ex-donos de escravos — passava pelo poder de sua "pena". Numa atitude política, como forma de resguardar o dinheiro público — pois, para ele, a exigência dos latifundiários era não apenas um pedido injusto, mas uma forma de enriquecer ainda mais com a ajuda dos cofres públicos —, Rui Barbosa determinou a incineração de todos os registros de escravos para que os ex-"senhores" não tivessem como comprovar suas propriedades.

Capítulo II
Autóctones e indígenas

1. De onde vieram os primeiros habitantes?

Para começo de conversa, não há consenso entre os vários cientistas envolvidos nos estudos relativos à origem dos primeiros povos que ocuparam o continente americano. A hipótese mais aceita é a de que, entre 35 mil e 12 mil anos atrás, grupos asiáticos tenham cruzado o estreito de Bering (atravessando um "corredor de gelo" formado entre a Sibéria e o Alasca, conhecido como Beríngia). Mas também existe a possibilidade — menos considerada, é verdade! — de que melanésios tenham atravessado o oceano Pacífico em canoas, ou que australianos e africanos tenham chegado pela Antártida e pelo sul do continente. Mas os resultados ainda não são conclusivos, e deve levar muito tempo para que os pesquisadores cheguem a uma definição.

Muitos admitem apenas as migrações de populações asiáticas pela Beríngia (o que explicaria os olhos amendoados e cabelos muito lisos dos indígenas americanos); outros defendem a chegada de povos antigos — da Austrália e da África — pela Terra do Fogo (entre o Chile e a Argentina). Em 1975, o achado arqueológico, em Lagoa Santa (Belo Horizonte, MG), de um crânio humano com mais de 11 mil anos (batizado de "Luiza"), com características próximas às dos africanos, acendeu ainda mais o debate. As próprias rotas de imigração dos primeiros habitantes, que possivelmente atravessaram o continente, ainda são objeto de intensas pesquisas e muitas discórdias.

POLÊMICA

Para termos uma ideia, no Brasil encontra-se um dos sítios arqueológicos mais polêmicos do continente — o da Pedra Furada, no Piauí —, com fósseis de 50 mil anos. A equipe de arqueólogos trabalha com a suposição de presença humana nesse local, devido a uma coleção de pinturas rupestres (feitas em pedras e paredes de cavernas) e outros objetos. Se a datação comprovar que já havia pessoas povoando este lado da América, a história dos primeiros homens a povoar o continente poderá retroceder a alguns milhares de anos. O Parque Arqueológico da Pedra Furada foi tombado pela Unesco em 1991, como patrimônio da humanidade.

Pintura rupestre em caverna de São Raimundo Nonato, Piauí, Brasil.

Sobre os povos perdidos (e dizimados)

Pelo que sabemos, já havia muita gente por aqui quando os primeiros portugueses invadiram a nossa praia! Segundo os dados compilados pela Fundação Nacional do Índio (Funai), órgão governamental que desenvolve e implementa políticas indígenas, é possível que em 1500 houvesse de 1 a 10 milhões de pessoas ocupando o território que hoje é o Brasil. Só na Bacia Amazônica o número de habitantes poderia chegar a 5,6 milhões. Eles falavam, aproximadamente, 1300 idiomas diferentes.

Nesta parte da viagem vamos falar um pouco sobre os povos autóctones. Ai, ai, ai... lá vem ela com essas palavras esquisitas... Calma! Autóctone é o nome científico que designa os povos originários de um lugar. No nosso caso são os índios. E por que estou falando isso? Primeiro, os donos dessa terra que chamamos Brasil são os milhares de habitantes que já estavam aqui, antes da chegada dos europeus; segundo, para que você entenda que quem deu esse nome para os "índios" foram os espanhóis, ao descobrirem o continente, em 1492. Eles mesmos, infelizmente, não tiveram a oportunidade de se apresentar...

No capítulo anterior disse que é impossível uma pessoa conhecer tudo sobre a África. Isso também vale para as culturas indígenas americanas e, mais especificamente, as brasilíndias. Por isso é tão difícil tratar deste assunto. Sabe por quê? É criminoso fazer qualquer generalização sobre suas crenças, modos de vida, hábitos alimentares. O que vale para uma aldeia (ou etnia) pode ser completamente diferente para outra.

Por isso, antes de começar esta aventura, precisamos levar um "papo reto": existem duas formas muito eficientes para desqualificarmos as pessoas. A primeira é tratá-las como se fossem todas iguais. Observe que, ao nos referirmos a determinados grupos, acabamos generalizando e falamos "os negros", "os índios", "os nordestinos", "os judeus"... Galera, qualificar milhares de pessoas por características físicas, locais de moradia e de nascimento ou opção religiosa é perpetuar estereótipos. A questão é que existem milhares de formas de ser negro, judeu, nordestino, e até de ser... adolescente! Apesar de alguns grupos terem características próprias, não existe um padrão. Há negros que não gostam de samba, judeus que não acreditam em Deus, adolescentes que não entram em crise (ih, peguei pesado, né?), nordestinos que não dançam forró... O mesmo vale para aqueles a quem os invasores chamaram "índios". Compreendê-los por seus próprios nomes faz toda a diferença.

A outra forma de desqualificação é a negação das histórias desses grupos por alguém que os dominou, em algum momento, e achou que elas (as histórias) não eram importantes. Foi mais ou menos assim: os donos das terras do Brasil, que habitavam o litoral, foram comparados a "folhas de um livro em branco" pelos portugueses, porque acreditaram que os povos indígenas não tinham história. Os índios foram solidários e receptivos aos primeiros brancos com os quais tiveram contato. Por isso, os colonizadores acharam que seria fácil imprimir um novo modo de vida àquelas populações. Como a língua tupi não tinha os fonemas "R", "L" e "F", o trocadilho que os navegadores fizeram foi o de que as aldeias não tinham "rei", não tinham "lei" nem "fé"! Eles estavam enganados...

Sabemos hoje que os povos indígenas possuíam (e ainda possuem!) culturas e sociedades completamente diferentes daquelas às quais os primeiros navegadores (e até mesmo nós que, apesar de brasileiros, não somos indígenas) estavam acostumados. Seus sistemas políticos são variáveis e, tanto a organização familiar quanto a do coletivo, não se enquadram nos termos com os quais nos acostumamos a explicar as nossas sociedades. A própria religiosidade indígena segue uma lógica diversa e não pode ser entendida como única em nenhum de seus aspectos. Esse negócio de dizer que Tupã é o deus do trovão não representa a realidade de nenhum povo indígena. Essa é só mais uma confusão que os jesuítas, na época da catequese forçada, fizeram sobre eles.

> Para a professora Maria Aparecida Baccega (1998, p. 8), os estereótipos "interferem na nossa percepção da realidade, levando-nos a ver de um modo pré-construído (...)". Podem ser definidos como "os tipos aceitos, os padrões correntes, as versões padronizadas". Do *Aurélio*: estereótipo — ideia, conceito ou modelo que se estabelece como padrão. Preconceito. Coisa que não é original e se limita a seguir modelos conhecidos. Lugar comum.

O objetivo deste capítulo é propor uma reflexão sobre os nossos (des)conhecimentos dos povos autóctones brasileiros. É fato que existem milhares de trabalhos científicos, de muitos pesquisadores que passaram — e passam! — a vida inteira estudando as histórias, hábitos e características culturais desses povos e, principalmente, as mudanças ocorridas em suas aldeias após os contatos com "os brancos". Só o Museu do Índio (no Rio de Janeiro) conta com acervo de 16 mil obras catalogadas e mais de 125 mil documentos que tratam das políticas indigenistas. Há também algumas instituições que dispõem seus conteúdos na internet, como o *site* dos Povos Indígenas do Brasil, que tem até uma parte interativa. Mesmo assim, os pesquisadores são praticamente unânimes em afirmar que ainda há muito a descobrir sobre essas populações. Isso sem falar que a maioria foi dizimada sem deixar vestígios. Hoje, segundo a Funai, existem apenas 817 mil indígenas, divididos em cerca de 200 etnias que falam 180 idiomas.

> Cada povo dizimado, cada idioma que se extingue, são memórias e visões de mundo que não recuperamos mais. Quando um povo indígena acaba, leva um pouco de cada um de nós e de nossa História, o que representa uma perda irreparável para toda humanidade.

POLÊMICA

Soldados índios de Curitiba. Litografia de Jean-Baptiste Debret.

Desde que os primeiros europeus e, em seguida, os primeiros viajantes estrangeiros fizeram expedições e descrições dos nossos indígenas, nos acostumamos a ter duas visões inconciliáveis: por um lado os vemos como "inocentes, ingênuos e vítimas" do homem branco — que os dizimou em nome da tomada de suas terras; por outro, encontramos uma literatura que nos conta que eram "comedores de gente" e promoviam guerras intermináveis, movidas pelas vinganças entre as muitas tribos vizinhas. Conforme nos avisa o pesquisador Carlos Fausto, da Universidade Federal do Rio de Janeiro, essas duas afirmações justificaram as ações de dominação das populações indígenas pelos europeus, perpetuadas no entendimento que temos ainda hoje. Ele nos ensina que o motivo

> (...) da bondade natural é tão corrosivo quanto o estigma da bestialidade. Ambos, aliás, serviram aos propósitos dos colonizadores: a violência para justificar a guerra da conquista e da escravização, a inocência para incentivar a conversão dos nativos em mão de obra e em cordeiros do rebanho de Deus. (Fausto, 2001, p. 21).

O que temos de lembrar é que as sociedades indígenas não são estanques, nem particulares. Elas são e formam a História do Brasil: minha, sua e de todos nós. Nem sempre a compreendemos porque para isso precisamos fazer um grande exercício de alteridade. Isto é, nos deslocarmos para o tempo indígena, em locais desconhecidos e enxergar o mundo "do lugar deles". Vamos combinar que é muito complicado... Então, devemos pelo menos entender porque não nos damos conta de que os povos indígenas foram os primeiros a ser escravizados pelos portugueses. Durante todo período colonial eles foram tratados como "negros da terra".

> (...) os índios, além de soldados no combate aos franceses, constituíam nas primeiras décadas a única força de trabalho com a qual os colonizadores podiam contar na abertura de picadas e clareiras, na derrubada de árvores e seu transporte, na condução de canoas, na construção de feitorias, engenhos e fortalezas, nas olarias, na agricultura e até mesmo em todas as atividades de subsistência, incluindo as roças, a fabricação de farinha, a caça e a pesca. Sem o trabalho dos índios, os colonos não teriam sequer o que comer (Freire; Malheiros, 2007).

Será que nos acostumamos a não ver os indígenas? O que nos levou a não enxergar essas populações e a considerá-las como parte apenas do nosso passado, mesmo sabendo que muitas de suas aldeias, culturas e sistemas políticos permanecem vivos e atuantes? Será que nos acostumamos a tentar vê-los apenas pelos ideais daquilo "que seriam os índios" (de cocares, nus e com acessórios de madeira nos lábios inferiores) ou, sinceramente, nem sequer pensamos sobre eles?

Mapa da costa sul do Brasil pré-colonial mostrando como ocorriam as extrações de pau-brasil (Giovanni Battista Ramusio, 1557).

2. Os processos de dominação dos povos indígenas

Entramos aqui numa parte bastante delicada. Uma questão que não podemos perder de vista é a de que os navegadores que aportaram no Brasil, há mais de 500 anos, e aqueles que a historiografia chama de bandeirantes, eram homens que pensavam de acordo com a época em que viveram. Assim como quase todos aqueles que conquistaram territórios, o fizeram pelo poderio das armas, com o objetivo de dominar os povos originários e explorar riquezas. Como consequência, contaram a sua própria versão da "nossa" História. As armas começaram a ser usadas por aqui quando os povos indígenas perceberam que as relações com os portugueses estavam sendo prejudiciais a vários aspectos de suas culturas e passaram a não querer mais contato. Isso, além de fazer cair por terra a ideia de que os indígenas eram ingênuos e inocentes, gerou um problemão — os invasores dependiam deles para sobreviverem por essas bandas.

Mais tarde, quando foi preciso expandir ainda mais o território em busca de mais riquezas, o que *"os brancos"* fizeram? Pensaram: bom, já que eles não aceitam as nossas condições — que são as de dominar, explorar e escravizar suas aldeias —, então vamos acabar com eles! As Bandeiras e as Entradas, e as muitas revoltas que elas suscitaram entre os povos indígenas, desde o século XVI até os nossos dias, têm exatamente essa conotação.

> Os povos originários do litoral chamavam o território que hoje conhecemos como Brasil de Pindorama ("terra das palmeiras", em tupi-guarani). Os portugueses, entretanto, achavam que tinham chegado ao Éden, paraíso narrado na Bíblia.

Os fatos comprovam que quem tem o "poder das armas" conversa pouco. Nas relações estabelecidas com os povos indígenas sobravam ambição, desejo de ouro e novas terras, por parte dos invasores... Nos primeiros contatos, os povos do litoral viram os portugueses da mesma maneira como nós veríamos, hoje, a população de um planeta desconhecido sair de um disco voador. Já pensou nisso? Imagine se você visse agora um negócio prateado, do tamanho de um campo de futebol, com um "zilhão" de luzinhas coloridas piscando, descendo dos céus? E se de dentro dessa nave saíssem seres azuis, verdes, com um olho só, oferecendo coisas que nunca vimos e de que nem precisamos — como máquinas do tempo, por exemplo? Como você acha que o nosso mundo se comportaria diante dos visitantes? Como os governos das grandes potências (Estados Unidos, Japão, França etc.) agiriam? Tentariam abatê-los como inimigos ou enviariam representantes para descobrir com eles os segredos de uma vida intergaláctica? E quando os "visitantes" descobrissem que temos riquezas inexploradas e somos infinitamente menos armados que eles? Iriam embora e nos deixariam viver nossa vidinha "atrasada e primitiva"? Ou tentariam nos dominar e explorar? Imagine ainda que os extraterrestres "escolhessem" o governo brasileiro para aliado. Teríamos o poder absoluto do planeta, sendo temidos pelos países que possuem armamento nuclear? O que será que os extraterrestres nos pediriam em troca? Nossos corpos, que mudássemos nossas crenças e hábitos alimentares ou que tivéssemos filhos com eles? Parece brincadeira, não é? Mas as relações entre os povos indígenas e os primeiros europeus que baixaram aqui foram mais ou menos assim.

Mesmo depois de 500 anos de colonização e contato com os brancos, os povos indígenas mantêm suas tradições ancestrais.

"Nós" do Brasil: Estudos das relações étnico-raciais

> Atualmente existem cerca de 60 povos indígenas isolados — ou seja, que não tiveram contato com "os brancos". Cada vez que os pesquisadores tentam aproximar-se, eles se embrenham pela floresta Amazônica e se esquivam de qualquer comunicação. Na verdade, o isolamento é para fugir da perseguição e do extermínio promovidos por madeireiros e outros empresários que atuam na região da floresta.

Terras indígenas no Brasil.

Já nas primeiras décadas da invasão, os portugueses começaram a perceber que ninguém convenceria milhares de pessoas a realizar trabalhos forçados sem que as armas fossem usadas e o terror, estabelecido. Foi com essa lógica que os invasores começaram a "escolher" seus aliados. Aproveitando-se das disputas ancestrais entre as aldeias, abasteciam com armamentos um dos povos participantes da disputa e, em troca, ficavam com os índios capturados. Assim fica fácil entender por que alguns povos indígenas preferiram combater junto aos franceses e holandeses... É que, ao se aliarem a inimigos imemoriais (ou seja, a aldeia que mítica e historicamente deveria ser vista como inimiga), os portugueses também passavam a ser tratados como inimigos. O problema é que para os povos originais a guerra era uma atividade de muito prestígio e de regulação da sociedade.

> A Confederação dos Tamoios (*tamuya*, em tupi, quer dizer "o velho, o mais antigo") foi liderada pelos Tupinambás e reuniu Guaianazes, Aimorés e Temiminós. A revolta indígena tinha por objetivo expulsar os portugueses da costa, em 1555, e contou com o apoio dos franceses, que pretendiam instalar a França Antártica por aqui.

Os povos indígenas acharam que os deuses dos portugueses eram muito poderosos — eles possuíam armas, ferramentas para agricultura e naves inimagináveis, que eram as caravelas. Depois perceberam as verdadeiras intenções dos visitantes. Por outro lado, também sabemos que alguns grupos, como os Tupinambás, nunca permitiram trocas ou aproximações. A cada tentativa, promoviam guerras sangrentas contra os invasores. Os que resistiram aos primeiros contatos no litoral foram dizimados.

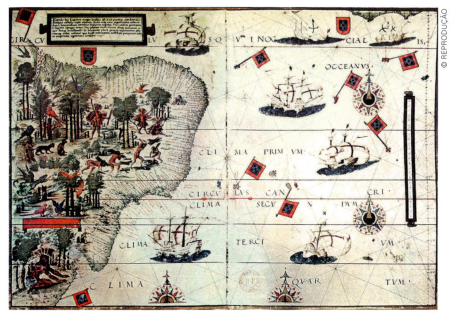

Mapa do Brasil pré-colonial de 1500 com a marcação do território pelos indígenas. As imagens foram feitas pelos cartógrafos portugueses Lopo Homem e Pedro Peinel. A parte costeira do Brasil foi chamada de "Terra Brasilis".

Nas Entradas, os sobreviventes foram deslocados de seus locais de origem, em direção ao seio da floresta. Eles tiveram de "refazer" suas vidas. Isso gerou dois fenômenos distintos, mas significativos:

1) Muitas aldeias de hoje são reorganizações sociais feitas pelos sobreviventes do período dos bandeirantes. Algumas chegam a usar idiomas que não existiam antes dos portugueses, como o *nheéngatu* (considerado língua cooficial na cidade de São Gabriel da Cachoeira, AM). Outras tiveram seus idiomas extintos, como o *poruborá* e o *camacã*;

2) O contato contínuo com as populações não indígenas mudou alguns hábitos. Depois de 500 anos, é mais que natural que algumas aldeias utilizem roupas ocidentais. Essa mudança não significa que esses povos são menos indígenas que outros grupos. Apenas revela uma pequena parte das muitas estratégias de sobrevivência utilizadas por eles, diante da opressão.

Antropofagia

Ai, gente, estou ansiosa para falar sobre isso com vocês. É o seguinte: alguns povos do litoral, em especial os do tronco Tupi-Guarani, comiam seus adversários. Mas precisamos entender qual a finalidade desses "banquetes". Ao ser capturado por seus inimigos, morrer e ser devorado era a maior honra que um guerreiro poderia ter. Vejam que história interessante: diz a lenda que o filho de um pajé (líder religioso e social) foi capturado por uma aldeia rival. O rapaz, com medo, chorou muito, pedindo para que não o matassem. Ao verem que ele era fraco, seus inimigos o soltaram e o jovem voltou para casa. Seu pai envergonhou-se porque os inimigos não viram nenhum atributo de coragem e de inteligência em seu filho. Era fundamental que o prisioneiro fosse valente até o fim. O pajé, após expulsar o filho covarde, ficou completamente desmoralizado.

Entendeu? A sociedade dos Tupinambás, por exemplo, caracterizava-se por guerras por vingança entre as aldeias — nas quais eram capturados dois ou três inimigos no campo de batalha. Essas guerras estavam relacionadas à vingança pelo assassinato de um antepassado. Ser lembrado pelos inimigos era o que definia a memória e a identidade desses povos.

Tá bom... eu sei que é complicado, mesmo. É o seguinte: os Tupinambás, apesar de terem origem comum, dividiam-se em muitas aldeias (amigas e inimigas) que habitavam o litoral. Era como se os guerreiros da aldeia de Botucatu fossem lembrados como "aqueles que foram capturados pela aldeia de Cabo Frio" (não era esse o nome utilizado pelos indígenas, nem mesmo as regiões de disputa. Esse é só um exemplo). Por isso, quando o pajé de Botucatu declarava guerra à aldeia de Cabo Frio era para vingar a memória desses guerreiros e manter a unidade das aldeias amigas. A intenção não era só a de matar, mas, sim, a de capturar inimigos pertencentes a "Cabo Frio" e demonstrar para as aldeias "amigas", durante o ritual de antropofagia, que Botucatu vingava e honrava seus guerreiros. Mais tarde, Cabo Frio declarava guerra a Botucatu, capturava dois ou três inimigos e o processo se repetia.

> Eduardo Viveiros de Castro e Tania Stolze Lima desenvolveram uma teoria, a partir dos rituais de antropofagia, sobre como os povos indígenas entendem o mundo e o comportamento dos animais da floresta. Essa teoria é denominada "Perspectivismo Ameríndio".

O mais interessante é que capturar um inimigo era um ritual de iniciação que fazia um menino passar à fase adulta. Os índios capturados eram tratados como "escravizados", mas não prestavam nenhuma forma de trabalho e recebiam os melhores alimentos. Eles podiam passar anos nessa condição e era comum que tivessem filhos com as mulheres das aldeias que os capturaram. Nesses "banquetes", que chegavam a reunir até seis mil pessoas, convidadas das aldeias amigas, dividia-se a carne do inimigo capturado com o objetivo de afirmar todos os comensais como inimigos comuns da aldeia do índio que foi servido no jantar.

A antropofagia ritual era uma forma de valorizar seus próprios inimigos e de perpetuar a memória das aldeias amigas. Entender isso não é simples, principalmente porque esse é um fato que nos ajuda a compreender por que não foi possível para o homem *branco* escravizar os povos do litoral. Existiram vários outros grupos que praticaram muitas formas de antropofagia nas Américas, como os Astecas.

Desencontro

Tente matar uma vaca na Índia... ou dizer para os indianos que a carne da vaca tem propriedades indispensáveis para a sobrevivência...

Eles preferem morrer de fome a comer um animal sagrado. Ou, então, diga a um gaúcho tradicional, na fronteira com a Argentina, que ele não pode mais fazer churrasco. Mas só faça isso se você for campeão de corrida...

Viu como os costumes (e a cultura) de cada povo são muito relativos? Até hoje, alguns povos Ianomâmis comem as cinzas de seus mortos. Este ritual pode ser compreendido como sinal de reverência e respeito pelo falecido. Como nos ensina Vicente Cretton, nosso orientador deste capítulo, "lidar com os mortos, para os ameríndios, quase sempre tem a ver com apagá-lo da vida social dos vivos. Estando morto, virou um 'outro', não é mais um de nós, mas um inimigo (ou um predador) em potencial". Ah, ia esquecendo: não podemos julgar nem comparar essas práticas. Precisamos sempre lembrar que, para quem está em seu território, os ETs são os "de fora"!

Para entender os povos indígenas do nosso jeito

Engraçado que, quando enxergamos "o outro" por sua própria forma de contar a história, as coisas ganham um sentido inesperado, não é? Mas, se quisermos entender a história indígena do nosso jeito — sob os nossos próprios termos —, precisamos recorrer a uma palavra moderna, cunhada após a Segunda Guerra Mundial, que é "genocídio". Segundo o Museu da Memória do Holocausto (USHMM), nos Estados Unidos, essa palavra foi criada em 1944, pelo advogado judeu polonês Raphael Lemkin, "como um conceito específico para designar crimes que têm como objetivo a eliminação da existência física de grupos nacionais, étnicos, raciais, e/ou religiosos" (Disponível em: http://www.ushmm.org/wlc/ptbr/article.php?ModuleId=10007043. Acesso em: 8 ago. 2012). Ela é a combinação da palavra grega *geno* — que significa raça ou tribo — com o termo latino *cidium*, que quer dizer matar. Em 1948, a Organização das Nações Unidas (ONU) estabeleceu o genocídio como crime de caráter internacional.

Você pode perguntar: para saber dos índios no Brasil é mesmo necessário desencavar a história de uma palavra criada por um polonês, mais de quatro séculos depois das primeiras invasões portuguesas ao nosso litoral? Na verdade, não. Mas, se quisermos fazer uma leitura atual das disputas ocorridas desde o início da dominação colonial por estas bandas, e do que está no centro da discussão das questões dos povos indígenas em território brasileiro, saber o significado da palavra genocídio é fundamental.

Capítulo III
Políticas do embranquecimento

1. O Brasil do século XIX — negros e mestiços: fatores de risco para a sociedade

> Antes mesmo que o primeiro escravo desembarcado no Brasil se rebelasse, os senhores e autoridades coloniais já sabiam ser necessário controlar seu corpo e seu espírito. O regime escravocrata, como todo regime de trabalho forçado, baseou-se fundamentalmente no chicote e em outras formas de coerção, mas não teria vigorado por muito tempo se só usasse a violência. Desde cedo os escravocratas aprenderam que era preciso combinar a força com a persuasão, assim como os escravos aprenderam ser impossível sobreviver apenas da acomodação ou da revolta. Os estudos mais recentes sobre a escravidão mostram justamente que a maioria dos escravos viveu a maior parte do tempo numa zona de indefinição entre um extremo e outro. Num trabalho recente, chamamos essa zona de espaço de negociação. Além da barganha relacionada à vida material e ao trabalho, os escravos e senhores, negros, forros, livres e homens brancos, digladiavam-se para definir os limites da autonomia de organizações e expressões culturais negras. (Reis,1996, p. 3).

É de Max Weber, sociólogo alemão do início do século XX, esta definição do termo "política": processos discursivos e sociais que operacionam o poder.

O século XIX foi decisivo na formação política e social do nosso país. A bordo de nosso barco — quase uma máquina do tempo! — vamos aportar na primeira metade do século XIX. Você se lembra de que no capítulo I falei do Haiti, mas não tratei da história da Revolução? Pois é. A importância da Revolta Haitiana (iniciada no fim do XVIII) está justamente nas influências que ela trouxe para as Américas e, mais especificamente, para o Brasil. Faremos um apanhado dos fatos mais relevantes para que você entenda as relações entre senhores e escravizados e as consequências das disputas ocorridas entre eles. Nesta parte da viagem, nosso guia será o historiador da Universidade Federal da Bahia, João José Reis. Mas, antes de ancorarmos no Brasil, daremos uma passadinha pelo Haiti.

> **Haitianismo:** termo usado pela historiografia para tentar definir uma suposta convergência de ideias que teria influenciado a ação política dos escravizados, mulatos e negros livres.

"Um escravo é antes um indivíduo com uma personalidade, desejos e heranças. Ele tinha uma personalidade, veio de algum lugar, buscava objetivos. O indivíduo começou vivendo uma vida livre. A escravidão é apenas uma parte da sua vida. Então, o que nós realmente vemos e reconhecemos é que, quando um indivíduo está em situação de escravidão, ele não perde a sua individualidade. Dentro de uma situação de vitimização econômica, política e legal, ele vai tentar maximizar e descobrir como sobreviver, como levar as relações, como ter religião (...)". Paul Lovejoy, professor da Universidade de York (Canadá), em entrevista publicada na *Revista de História da Biblioteca Nacional*, ano 7, Rio de Janeiro, março de 2012.

POLÊMICA

A ilha de São Domingos (atual Haiti) era uma colônia francesa e a maior produtora de açúcar e café em nível mundial, com população majoritariamente de africanos e descendentes, e produções baseadas no trabalho escravo. Em 1791, Toussaint L'Ouverture (apesar do nome francês, era descendente de africanos) liderou uma rebelião na parte oeste da ilha e, em pouco tempo, uma revolta de escravizados contra os senhores espalhou-se por toda a colônia. Em 1804, após vencer até o exército de Napoleão e encarar as tropas espanholas, os haitianos declararam a independência do Haiti. Foi a primeira vez nas Américas em que uma colônia europeia passava a ser governada por africanos e seus descendentes.

Toussaint L'Ouverture.

A Revolução do Haiti, ao mostrar que era possível jogar por terra o domínio europeu, além de inspirar outras, influenciou sobremaneira os interesses econômicos das potências coloniais (Portugal, Espanha, Inglaterra e França) e a própria forma como os senhores lidavam com a escravidão. A disparada do preço do açúcar no mercado, devido à escassez do produto, pois os haitianos, durante os confrontos, além de matarem os senhores de engenho queimaram as plantações, fez com que o Brasil — para aumentar a sua própria produção — tivesse de comprar mais pessoas para trabalhar nas lavouras. A população de cativos aumentou consideravelmente. E, com isso, o medo de que ocorresse no Brasil o que aconteceu no Haiti. Parece meio esquisito, não é? Mas a Revolução Haitiana — que ajudou a fazer com que o Brasil ganhasse mais destaque no comércio mundial — passou a ser uma "assombração" para os "donos de seres humanos".

E não era sem motivo, conforme nos ensina João José Reis a respeito das inúmeras rebeliões que aconteciam nas senzalas, de norte a sul do Brasil. Nosso mestre explica que as revoltas (fugas, rebeliões e formação de quilombos) se tornaram mais frequentes no fim do século XVIII. Elas foram favorecidas pela expansão da agricultura de exportação e a intensificação do tráfico escravo, já que 31% dos cerca de quatro milhões (alguns autores afirmam que foram 11 milhões) de escravizados chegaram nos últimos quarenta anos do tráfico.

> Até o início do século XX, o termo "negro", no Brasil, classificava a condição social de escravizado. Tanto que indígenas eram os "negros (escravos) da terra" e os africanos e seus descendentes eram tratados como negros (escravos).

POLÊMICA

Rota do tráfico de escravos africanos para o Novo Mundo.

Nessa época, as disputas políticas que ocorriam em reinos africanos faziam com que muitos guerreiros e lideranças políticas fossem vendidos como mercadorias para as Américas. João José Reis afirma que este pode ser um dos motivos do acirramento dos conflitos entre escravizados e senhores durante a primeira metade do século XIX. No próximo capítulo vou contar a história da Revolta dos Malês (em 1835), em Salvador, orquestrada por africanos islamizados, que abalou as estruturas da corte brasileira.

Na verdade, os indígenas (negros da terra) e africanos (negros) apresentaram resistência ao sistema escravagista desde o início e já formavam quilombos desde o século XVII. No início do século

XIX, em cidades como Rio de Janeiro e Salvador, só os escravizados — sem contar os alforriados e os mestiços — eram quase a metade da população.

As revoltas nas senzalas variavam de lutas por melhores condições de vida nos engenhos à libertação em massa dos escravizados. Não era raro que, nessas rebeliões localizadas, senhores, feitores e administradores das fazendas fossem assassinados. Imagine se escravizados, mestiços, alforriados e crioulos conseguissem se unir para fazer uma grande revolta, matando os caiados (portugueses)? Essa era a ideia que mais assustava os colonizadores naquele tempo.

Se, de um lado, estudos históricos revelam que a notícia do sucesso do Levante Haitiano deu aos escravizados ainda mais ânimo para as fugas e revoltas, outros defendem que o Haiti funcionou mais como um perigo imaginário, que causou histeria entre os "proprietários de gente". O que não podemos negar é que, nesse momento, os discursos contrários à escravidão no Brasil davam-se mais pela necessidade de conter o número desse contingente negro que pelo espírito elevado de boas pessoas que queriam que os cativos — que a essa altura já estavam presentes não só nas lavouras, mas em quilombos, nas cidades, criando relações comerciais, religiosas e de trabalho — ganhassem a liberdade. Não que essas boas intenções não existissem por parte de uma parcela da população (formada por maioria crioula, mestiça e de alforriados). Mas o motivo real por trás das vozes que se erguiam contra a escravidão era muito mais o medo de que aquela massa humana — segregada e acuada — se rebelasse a qualquer momento. As proibições oficiais de traficar seres humanos, da África para o Brasil — e que não foram respeitadas — têm a ver com esse medo.

POLÊMICA

O medo de uma grande revolta aumentou a violência dos castigos físicos. As autoridades precisaram intervir, determinando que os senhores impusessem castigos menos cruéis aos cativos: que cortassem apenas uma orelha, ou a mão, e não a perna toda ou o tendão de Aquiles dos fugitivos recapturados, mas que condenassem à morte aqueles que insistissem em promover rebeliões.

Mapa dos quilombos no Brasil.

A pesquisadora Beatriz Nascimento (1989) define o quilombo como "um conceito próprio dos africanos bantus. O nome original veio de Angola, e queria dizer acampamento de guerreiros na floresta, administrado por chefes rituais de guerra. Assim o quilombo, nesse período [século XVII], era um sistema social baseado em povos de origem caçadora [jaga ou imbangala] e por isso mesmo guerreiros".

O rebuliço da chegada da família real

Precisamos nos lembrar de que a primeira metade do século XIX foi testemunha da desestruturação causada pela chegada da família real portuguesa ao Rio de Janeiro, em 1808, e dos movimentos pró-independência — que viriam a acontecer em 1822. *Grosso modo*, era um tempo de efervescência política e cultural. O Brasil queria deixar de ser "escravo" de Portugal, os assenzalados queriam ser livres e os quilombolas exigiam a legitimação da liberdade. Em vários aspectos, os movimentos políticos pela independência do Brasil alimentaram as lutas por liberdade de africanos e crioulos. Muitos acreditavam que, quando o Brasil fosse independente de Portugal, a escravidão estaria extinta.

Ninguém contava que, mesmo "independente", o país continuaria sendo governado pela família real portuguesa e passaria a ser devedor da Inglaterra. Tenho certeza que o seu (ou sua) professor(a) de História vai explicar com muito mais detalhes como é que foi esse jogo de toma-lá-dá-cá que fez com que por três vezes a Inglaterra exigisse o fim da escravidão no Brasil, só sendo atendida nos quesitos de controle comercial dos nossos produtos. Sobre esse tema, farei como aquela famosa personagem da televisão: "Prefiro não comentar!".

E vamos em frente! Foi nesse contexto (um caldeirão!) que as primeiras instituições de ensino e de pesquisas científicas foram fundadas no Brasil — um país agrário que dependia da lavoura para gerar riquezas, controlada por grandes latifundiários. Imagine o drama daqueles que governavam o país ou ocupavam as cenas das artes, da literatura, dos jornais, da política e das ciências, porque, em muitos aspectos, eles dependiam do dinheiro proveniente do trabalho dos escravizados. O que mais preocupava era o que fazer com uma população inteira de crioulos, mestiços e africanos se eles se tornassem livres... Eles se transformariam em uma maioria de... iguais?!

Abolicionistas?

> A palavra *malungo* quer dizer companheiro, camarada. Camaradagem que se originava no infortúnio do cativeiro, que tinha início no navio negreiro. Assim, todos os que vinham no mesmo navio se tornavam malungos.

> Se o mal está feito, não o aumentemos, senhores, multiplicando cada vez mais o número *de nossos inimigos domésticos, desses vis escravos que nada têm que perder,* antes tudo que esperar de alguma revolução, como a de São Domingos, ouvi, pois, torno a dizer, os gemidos de cara pátria que implora socorro e patrocínio. (José Bonifácio de Andrada e Silva, 1823, *apud* Nascimento, 2007, p. 478).

Foi o político paulista José Bonifácio de Andrada e Silva (o mesmo que foi tutor de D. Pedro II, quando Pedro I abdicou do trono) que teve a iniciativa de "embranquecer" as lavouras. Proclamado como o primeiro abolicionista (?!), fez uma célebre manifestação contra o trabalho escravo, com sua "Representação contra a escravatura", apresentada na Assembleia Constituinte (dissolvida logo em seguida). Determinado a provar que a escravidão era uma das maiores mazelas do país, após expulsar (e alforriar, é bem verdade!) os negros de sua fazenda, importou 50 trabalhadores ingleses que aportaram por aqui no início de 1823. Vários outros senhores de engenho iniciaram a "importação" de trabalhadores livres.

Documentos da Biblioteca Virtual do Governo de São Paulo mostram que, em poucos anos, mais de 60 mil colonos europeus chegavam para trabalhar nas lavouras. Em 1827 chegam os primeiros colonos alemães e, em 1829, forma-se a Colônia Santo Amaro, perto da capital. Mas, pergunta que não quer calar: o que aconteceu com os escravos que conseguiram a liberdade? Se o trabalho livre era comprovadamente mais lucrativo, por que não dá-lo aos escravos libertos?

2. A salvação do país

> Falar da adoção das teorias raciais no Brasil implica refletir sobre um modelo que incorporou o que serviu e esqueceu o que não se ajustava. Ou melhor dizendo, procurou nessas teorias justificativas para expulsar *a parte gangrenada* da população, sem deixar de garantir que o futuro seria *branco e ocidental*. (Schwarcz, 1994. Grifos nossos).

Se o Brasil viveu uma grande efervescência por conta da independência de Portugal, na segunda metade do século XIX os movimentos abolicionistas ganhavam cada vez mais espaço no compasso das exigências republicanas. Por outro lado, as elites brasileiras (dependentes da mão de obra escravizada) perceberam que "era preciso criar uma história para a nação, inventar uma memória para um país que deveria separar, a partir de então, seus destinos da antiga metrópole europeia (Portugal)", como nos conta Lilia Schwarcz (1993, p. 24), professora de Antropologia da Universidade de São Paulo (USP), que será nossa guia daqui por diante. No livro *O espetáculo das raças*, Schwarcz nos conta como foi a formação de uma elite culta e letrada no Brasil, que, se não pode ser generalizada como saída diretamente das casas grandes dos engenhos, mantinha uma relação muito próxima com as oligarquias, mesmo estando localizada num contexto urbano (das cidades e não mais do campo).

Vamos começar pelo ano de 1871, com a Lei do Ventre Livre, que fez o Brasil incorporar uma nova ordem política, social, de trabalho e religiosa. Esse período "coincide com a emergência de uma nova elite profissional", que incorpora os princípios liberais "e adota um discurso científico evolucionista (biológico) como modelo de análise social" (1993). Parece que está ficando complicado? Que nada! É a partir daqui que o Brasil começa a desenvolver uma forma muito própria de diferenciar as pessoas.

> "O filho do escravo seria livre; seus pais, não. Logo, liberdade de quem? Dos senhores de escravo, exclusivamente, que além de retardarem o processo da abolição, desobrigavam-se de alimentar as crianças que nasceriam 'livres'. (...) Durante os dezessete anos que separam a Lei do Ventre Livre da 'efetiva' abolição da escravatura, os escravocratas criaram numerosas estratégias para burlar a referida lei e se ressarcirem, assim, daquilo que julgavam ter perdido". (Borges, 2008, p. 4).

Os homens que estavam à frente do desenvolvimento dos museus, dos institutos históricos e geográficos e, principalmente, das faculdades de Medicina (Bahia e Rio de Janeiro) e de Direito (São Paulo e Pernambuco), foram impregnados com teorias eurocêntricas — que tinham a Europa como modelo de progresso e civilização em relação ao resto do mundo. Por isso, muitos pesquisadores acreditavam que todos os povos e civilizações deveriam mudar para se encaixar nos "padrões" europeus de cultura, comportamento e religiosidade. A isso chamaram de evolucionismo social — como referência às teorias evolucionistas propostas por Charles Darwin de que os mais fortes prevalecem sobre os mais fracos e de que os mais "aptos" deveriam adaptar-se à civilização. Por isso, acreditavam que os africanos e seus descendentes estavam fadados à extinção. Essas teorias evolucionistas foram "popularizadas enquanto justificativas teóricas das práticas imperialistas de dominação" (Schwarcz, 1993, p. 30).

Você se lembra de que no capítulo I falei sobre a criação da maldição de Cam, que passou a legitimar a escravidão e a exploração da África pelos portugueses? A ela chamamos de "justificativa da dominação", que é quando se usa um pensamento para justificar a ação de subjugar (cultural, política, religiosa e economicamente) um grupo de pessoas — consideradas inferiores — por aqueles que se denominam como superiores e/ou civilizados.

> Os mesmos modelos que explicavam o atraso brasileiro em relação ao mundo ocidental passavam a justificar novas formas de inferioridade. Negros, africanos, trabalhadores, escravos e ex-escravos — "classes perigosas" — a partir de então (...) transformavam-se em objetos das ciências. Era a partir das ciências que se reconheciam diferenças e se determinavam inferioridades. (Schwarcz, 1993, p. 28).

Foi assim que teve início uma compreensão bastante particular do Brasil pelos nossos cientistas, que começaram a "estudar" características físicas das pessoas e enxergavam nas diferenças biológicas explicações para os problemas sociais. Os que tinham origem diferente da europeia (negros e indígenas) não eram mais apenas "uma gente perigosa", mas o motivo do fraco desenvolvimento do país. A mestiçagem (e nessa época o país já tinha a maioria da população "mestiça"), originada nas relações entre pessoas com traços biológicos diferentes, passava a ser a culpada pelas mazelas nacionais e era vista como uma "degeneração" dos seres humanos. Portanto, era urgente encontrar um meio, não de exterminar negros, indígenas, ex-escravos e escravos — porque era do trabalho deles que dependia a geração de riquezas — mas de "melhorar as raças" para que o Brasil conseguisse desenvolver-se e ficar mais parecido com um país europeu.

Ops! Peraí! Todo mundo sabe que raça é uma coisa que não existe para diferenciar os seres humanos. O antropólogo Rolf Malungo de Souza ensina que todos nós, meninos e meninas (louros, negros, amarelos, magros, baixos, gordos...), pertencemos a uma única espécie: a humana, cientificamente chamada de *homo sapiens*. Então, as nossas diferenças de textura de cabelo, altura, peso, cor dos olhos e da pele, são derivadas da adaptação dos nossos ancestrais ao meio ambiente. Muitos estudiosos, hoje, defendem que cada sociedade cria a sua especificidade cultural — que vai orientar os nossos comportamentos. As mudanças físicas são apenas superficiais.

Isso parece óbvio, não é? Mas nem sempre foi assim. Muitos dos nossos mais importantes cientistas tinham a convicção de que a cor da pele, os traços fisionômicos, o tamanho da cabeça e até a separação dos olhos indicavam traços de personalidade e que era possível, a partir deles, identificar tendências à criminalidade e mesmo a doenças mentais. Eles passaram a entender que quanto mais clara a cor da pele mais as pessoas seriam afeitas a sentimentos nobres (amor, solidariedade etc.) e, portanto, a ser mais civilizadas. Enquanto isso, aqueles que tinham a pele mais escura eram entendidos/tratados como inferiores.

> O pesquisador Kabenguele Munanga classifica a diferenciação de pessoas existente no país como preconceito "de marca". "A ambiguidade é característica desse racismo nacional, que leva a muito(as) de nossos(as) "loiros(as)" só serem caracterizados como brancos no Brasil". (Borges, 2008, p. 4)

Os pioneiros do pensamento brasileiro acreditavam que as diferenças biológicas (fenotípicas) das pessoas revelavam traços de suas personalidades. É como dizer que todo mundo que tem o cabelo vermelho é mais inteligente do que quem tem o cabelo preto. Então, pensaram eles, vamos fazer todo mundo nascer com cabelos vermelhos! Brincadeira... Mas foi mais ou menos assim que eles começaram a incentivar o branqueamento da população, fosse pela imigração de europeus ou pelas relações matrimoniais. Você já deve ter ouvido pessoas afirmando que "querem clarear a família" e que até têm amigos de pele escura, mas preferem namorar as pessoas de pele clara.

> Para construir uma boa imagem e manter o regime monárquico, o Brasil apresentava-se ao mundo como um país novo, civilizado e moderno, governado por um monarca (D. Pedro II) amante da ciência. Por aqui, a "ciência penetra primeiro como 'moda' e só muito tempo depois como prática e produção". (Schwarcz, 1993, p. 30).

Os estudos raciais que começaram na Europa no início do século XIX — e que mais tarde foram amplamente usados pelos nazistas — chegaram por aqui com um pouco de atraso. Mas rapidamente viraram moda! Primeiro: nesse tempo nosso país iniciava uma tradição científica "importando" conhecimento e discussões europeias; segundo, o Império investiu nas ciências com o intuito de fazer oposição aos grupos políticos — internos e externos — que exigiam o fim da monarquia.

O que importa nesta parte de nossa viagem é trazer para você as ideias que orientaram a construção do pensamento científico brasileiro, sem perdermos de vista as várias disputas políticas e sociais que ganhavam a cena da época: além de todos os acontecimentos do período, as faculdades de Medicina e de Direito disputavam qual delas mais bem resolveria os problemas do país.

> De um lado os *homens de medicina*, que viam na mistura das raças o nosso maior veneno e se responsabilizavam pelo antídoto; de outro, os *homens da lei*, que apenas teoricamente se afastavam desse debate, pois apesar da defesa formal de um Estado liberal, na prática, temerosos com os efeitos da Grande Guerra e da mestiçagem acelerada, ponderavam "sobre a justeza de se agir sobre o perfil de nossa população, composta por raças tão desiguais, e talvez pouco preparadas para o exercício da cidadania". (*Revista da Faculdade de Direito de Recife*, 1919. Em: Schwarcz, 1994. Grifos nossos).

Nosso objetivo é conhecer alguns dos mestres que orientaram a formação do pensamento brasileiro naquela época, mas que, de muitas maneiras, perpetuam-se até os nossos dias. Quem foram os intelectuais e estudiosos europeus que serviram de base para a formação das escolas de Medicina e de Direito? Como essas teorias ganharam uma roupagem diferente por aqui? Vamos saber um pouco a respeito de alguns deles.

Joseph Artur, o **Conde Gobineau** (1816-1882) — Diplomata, escritor, filósofo e sociólogo francês. Publicou, de 1853 a 1855, os quatro volumes da obra *Ensaio sobre a desigualdade das raças humanas*, na qual defendia suas teorias de **determinismo racial**, que associavam a mistura de pessoas com características raciais diferentes (miscigenação) a uma completa degeneração da humanidade. Para Gobineau, a raça ariana (brancos puros) seria superior em civilização a outros povos e a mistura de "raças" levaria a humanidade ao completo caos. O gobinismo não era totalmente novo, já que no período das Grandes Navegações a superioridade dos europeus (brancos) sobre outros povos já era uma prática pra lá de conhecida. Podemos dizer que sua maior "contribuição" foi a criação da **raça ariana** — adotada por Hitler para dizimar seis milhões de judeus, um milhão e meio de ciganos e milhares de negros e homossexuais. Acredita-se que durante a II Guerra Mundial tenham morrido ao redor de 70 milhões de pessoas em todo mundo.

Gobineau foi embaixador da França no Brasil, chegando ao Rio de Janeiro em 1876. Nesse período, construiu grande proximidade com o Imperador D. Pedro II, apesar de detestar o clima e as pessoas por aqui — "miscigenadas e feias". D. Pedro II, o nosso patriarca das ciências, manteve vasta correspondência com Gobineau, mesmo depois que ele retornou à Europa.

Francis Galton (1822-1911) — Psicólogo inglês. Realizou estudos estatísticos para demonstrar o caráter hereditário dos traços físicos e mentais dos indivíduos. Primo de Charles Darwin, criou em 1883 o termo "eugenia" — que pode ser definido como melhoramento genético da espécie humana, por meio de nascimentos programados.

O Brasil foi o primeiro país da América do Sul a organizar o movimento eugênico, que ora atuou junto à saúde pública (saneamento e higiene da população), ora na saúde psiquiátrica. O Comitê Central de Eugenismo, que tinha Renato Kehl e Belisário Pena como presidentes, propôs, em 1931, o fim da imigração de não brancos, com objetivo de impedir a miscigenação.

> As formulações eugênicas não eram privilégio dos médicos, envolvendo também juristas, educadores, sociólogos, entre outros, que as utilizavam como técnica de poder (...) para introduzir, no cotidiano da sociedade, controles reguladores que se constituíram em verdadeiros agenciadores do sexo, a definir a constituição das famílias (...) para atingir o progresso biológico e então desfrutar do progresso social. (Dumas, 1996).

POLÊMICA

> Em 2011, a divulgação de cartas enviadas por Monteiro Lobato a seus amigos Godofredo Rangel (escritor), Renato Khel e Arthur Neiva (cientistas), em defesa dos princípios eugênicos, criou uma grande polêmica.

Cesare Lombroso (1835-1909) — Médico italiano, ocupou um dos papéis centrais no desenvolvimento da Criminologia e na Escola Positiva de Direito Penal. Em 1876, publicou *O homem delinquente*, lançando a teoria do **delinquente nato.** Para Lombroso, o criminoso era necessariamente um ser atávico (primitivo, próximo ao macaco), com comportamento infantil e crises de agressividade, associada aos epiléticos (*sic*). Seu livro determinou as características do típico delinquente.

Características físicas: moleira alta, olhos esbugalhados, testa larga, sobrancelhas muito marcantes, nariz torcido, lábios grossos, arcada dentária defeituosa, braços excessivamente longos, mãos grandes, anomalias dos órgãos sexuais, orelhas grandes e separadas, dedos extras nas mãos ou pés (polidactilia).

Características de personalidade: insensibilidade à dor, tendência a usar tatuagens, cinismo, vaidade, crueldade, falta de senso moral, preguiça excessiva, caráter impulsivo.

Cesare Lombroso foi um dos mestres europeus que orientou a formação dos alunos das duas maiores faculdades de Direito (Recife e São Paulo) e Medicina do Brasil oitocentista. Um de seus maiores discípulos por aqui foi o maranhense Raimundo Nina Rodrigues (1862-1906) que, catedrático da faculdade de Medicina de Salvador, desenvolveu estudos junto às populações de mestiços, negros e escravizados, com o objetivo de "comprovar" as teorias de Lombroso. Nina Rodrigues aplicou a teoria lombrosiana para explicar a degenerescência e a tendência ao crime de negros e mestiços, ganhando destaque na imprensa e revistas científicas. Para este médico e etnógrafo brasileiro — que dá nome ao Instituto Médico Legal de Salvador —, todos os negros e mestiços teriam tendência a marginalidade e seriam consequente causa da inferioridade do Brasil em relação às nações europeias.

No início do século XX, as teorias de Cesare Lombroso (assim como as de Gobineau e Galton) foram fortemente combatidas na Europa por não possuírem respaldo científico. Mas a obra de Nina Rodrigues — e de muitos outros pensadores, políticos, escritores, jornalistas e intelectuais que basearam suas pesquisas na crença de que as pessoas de pele clara são superiores às de pele escura — referenciou por décadas os estudos médicos, jurídicos e sociais sobre essas populações.

3. Panaceia

> O BRASIL MESTIÇO DE HOJE TEM NO BRANQUEAMENTO EM UM SÉCULO SUA PERSPECTIVA, SAÍDA E SOLUÇÃO.
> João Batista Lacerda, diretor do Museu Nacional do Rio de Janeiro, em 1911.

Ao chegarmos ao início do século XX, depois de termos visto como é que negros (da terra e da África) passaram de um "perigo" à estabilidade política e econômica do Brasil e tornaram-se a causa dos problemas sociais, continuaremos com nossa guia Lilia Schwarcz para entendermos melhor como se deu o processo imigratório. Sabemos agora que não bastava apenas "se livrar" dos assenzalados que representavam os inimigos domésticos. Nossos políticos e intelectuais queriam deixar a população mais branca, porque assim, acreditavam, os índices de criminalidade e de doenças mentais (!!!), entre outros problemas, tenderiam a diminuir na sociedade e o Brasil seria considerado — sendo mais "branquinho" — um país moderno.

Sei que você deve estar se perguntando: como assim? Como é que pode uma coisa dessas? O fato é que nem todos concordavam com essas ideias — você se lembra de que disse que não podemos generalizar toda uma sociedade? —, mas, de qualquer forma, o embranquecimento que não se dava apenas na pele, mas nos costumes, hábitos, comidas, religiosidade, festas (com a consequente desqualificação de povos não europeus), era o ideal que dominava o Brasil no início do século XX. E não eram apenas os grupos mais abastados que pensavam e agiam dessa maneira, outros setores da população — e até alforriados, indígenas, crioulos — pensavam assim. Funcionava mais ou menos como hoje é a internet para nós. Quem não acessa a rede de computadores — seja para jogar, entrar nas redes sociais ou conversar pelos programas de *chats* — está ultrapassado e é considerado um ser do outro mundo. Não é assim? Até a minha avó, com seus 89 anos, quer ter uma conta de e-mail... Tem gente que, se não tem computador em casa, vai para uma *lan-house*. Ninguém quer ficar "por fora". Assim era também para quem, naquela época, não quisesse dar uma "clareada" e evoluir... para chegar mais perto de ser um europeu!

> Os defensores do branqueamento progressivo da população brasileira viam na mestiçagem o primeiro degrau nessa escala (...) A política e a ideologia do branqueamento exerceram uma pressão psicológica muito forte sobre os africanos e seus descendentes. Foram, pela coação, forçados a alienar suas identidades, transformando-se, cultural e fisicamente, em brancos. (Munanga, 2006, p. 88-89).

O negócio era tão sério que a imigração de japoneses (os amarelos, vistos como uma alternativa barata ao trabalho escravo) chegou a ser proibida por aqui. Partiu do estado de São Paulo

> (...) a política mais restritiva e que propôs graves entraves à introdução de mão de obra negra e oriental. Nesse caso, São Paulo demonstrou na prática o quanto era permeável às conclusões teóricas racistas e darwinistas sociais, tão populares em Recife. Sempre em nome de um projeto eugênico de depuração das raças, a bancada paulista — "composta pelos digníssimos bacharéis da escola paulista de Direito" (*Atas*, 1881) — limitou a admissão a apenas alguns países, criticando duramente o que chamava de "as características amorais dos africanos e dos *chins*", entendidos como "inassimiláveis, portadores de línguas e costumes estranhos aos nossos, praticantes do suicídio e do ópio". (Schwarcz, 1994).

Havia um grande medo de que a mistura de asiáticos com mestiços brasileiros dificultasse ainda mais o processo de branqueamento da população. Portanto, era muito natural que naquele momento, não só em São Paulo, mas em todo país, os homens que faziam as leis (juristas, políticos e intelectuais) defendessem seus interesses e ideologias.

Os asiáticos só puderam entrar no Brasil em 1908, com a chegada do navio Kasato Maru, trazendo a bordo 165 famílias (cerca de 780 pessoas). Mesmo assim, a política de imigração seguia regras rígidas e não se admitia a vinda de rapazes ou moças solteiras.

Xenofobia e Xenofilia

Se alguém chamar você de xenófobo, você fica feliz ou apavorado? E se for xenófilo? Palavras feias, não? Pois bem, não adianta fazer essa cara! Quando você entender, pelos exemplos, o que significam essas duas palavras tão próximas da nossa realidade, vai saber que o uso que fazemos delas é muito vasto.

Você deve estar se questionando: por que eu devo saber o significado dessas palavras? Porque elas não são apenas palavras. São conceitos que estão em cena o tempo todo, principalmente quando o assunto é diferença. O que realmente devemos nos perguntar é em que contexto elas foram — e ainda são! — usadas no dia a dia. Então, vamos ao que interessa:

Xenofobia — Segundo o Dicionário *Priberam* da Língua Portuguesa, é "aversão a estrangeiros". O *Houaiss* a define como "desconfiança, temor ou antipatia por pessoas estranhas ao meio daquele que as ajuíza, ou pelo que é incomum ou vem de fora do país; xenofobismo". Também definimos seu conceito pelo ódio, receio, hostilidade, fobia e repulsa relativa aos grupos étnicos diferentes ou às pessoas cujas práticas sociais, culturais e políticas desconhecemos.

Precisamos entender como é que se dá a xenofobia "à brasileira". É como se ela fosse canalizada para determinados povos e culturas que, infelizmente, ainda vemos como "inferiores" ou "distantes". Uma forma simples de pensarmos a "nossa" xenofobia é percebermos que conhecemos muito mais da mitologia grega — com seus deuses do Amor, do Sexo, da Inteligência — do que das mitologias africanas. Eros, Apolo, Afrodite são personagens com os quais lidamos na escola, seja nas aulas de Filosofia ou de História Antiga. Já quando o assunto são os deuses mitológicos que representam os mesmos sentimentos e narram lendas e costumes para os povos africanos, algumas pessoas sentem arrepios. Oxun, Yemanjá, Ogun nos soam tão estranhos e distantes (quase proibidos) quanto Shiva, Krishna e outros do panteão hindu.

Xenofilia — Segundo o *The Free Dictionary*, é "simpatia a tudo que é estrangeiro". O Dicionário da Língua Portuguesa define como "simpatia pelos estrangeiros ou por tudo o que é estrangeiro". Ou seja, para o dicionário é o contrário de xenofobia. Porém, o professor de Literatura Gildeci de Oliveira Leite, da Universidade do Estado da Bahia, define xenofilia como "aversão a tudo que é nacional".

Um samba de 1956 dos compositores Haroldo Barbosa e Janet de Almeida, "Pra que discutir com madame?", reflete uma forma artística de resistência à xenofilia, eternizando, ao som da música, como acontecia a desqualificação da cultura popular brasileira. Prestem atenção porque este samba tem menos de 60 anos! A letra é uma resposta às críticas de Magdala da Gama de Oliveira que, em sua coluna do jornal *Diário de Notícias* — por três décadas o de maior credibilidade do país —, não poupava adjetivos pejorativos para referir-se ao samba — ritmo genuinamente brasileiro, originado nas favelas, com forte influência do batuque das senzalas. Dê uma lida na letra da música.

Pra que discutir com madame?
Madame diz que a raça não melhora
Que a vida piora
Por causa do samba
Madame diz que o samba tem pecado
Que o samba é coitado
Devia acabar
Madame diz que o samba tem cachaça
Mistura de raça, mistura de cor
Madame diz que o samba é democrata
É música barata
Sem nenhum valor

> Vamos acabar com o samba
> Madame não gosta que ninguém sambe
> Vive dizendo que o samba é vexame
> Pra que discutir com Madame?
>
> No carnaval que vem também com o povo
> Meu bloco de morro vai cantar ópera
> E na avenida entre mil apertos
> Vocês vão ver gente cantando concerto
> Madame tem um parafuso a menos
> Só fala veneno
> Meu Deus que horror
> O samba brasileiro, democrata
> Brasileiro na batata é que tem valor.

Vou dar uma sugestão: substitua a palavra "samba" da música por *funk* ou por qualquer outro ritmo regional de característica popular. Veja como as coisas continuam muito parecidas... você pode não gostar nem de samba nem de *funk* (forró, jongo, umbigada etc.), mas pare para pensar um pouco. É fato que o samba, o *funk* e muitas outras expressões populares são diferentes em suas manifestações. Eles nascem e se desenvolvem em épocas distintas e podem possuir conceitos diferentes. Mas suas origens e suas formas — e até mesmo os ataques que sofreram (ou sofrem) — são muito parecidos. Por que será?

A professora de Ciências da Comunicação, Tânia da Costa Garcia, nos explica que o samba — expressão popular, de origem negra — foi, durante muitas décadas, rechaçado por setores que se identificavam com a cultura europeia. Ela acredita que este posicionamento hostil em aceitar o samba como uma expressão popular deriva da rejeição a "misturar-se ao 'povo' e admitir um Brasil atrasado, primitivo, inferior às nações desenvolvidas" (2001).

Outra manifestação cultural com a qual podemos trabalhar esses conceitos é a capoeira: jogo e poderosa forma de comunicação nascida no tempo da escravidão e que se popularizou muito por aqui. Praticada primeiro por africanos e depois por seus descendentes, chegou a ser proibida por força de lei. Seus praticantes — se fossem pegos — eram presos! As rodas de capoeira, com seus ritmos e músicas particulares e instrumentos de percussão, eram, até bem pouco tempo, realizadas clandestinamente. Ela só passou a ser legitimada na década de 1940.

As diferentes concepções de "ser negro"

O termo "negro" foi, durante séculos, usado para referir-se aos escravos. Em 1930, com o surgimento de grupos e associações de descendentes de escravizados, que lutavam para se inserir politicamente na sociedade, o termo negro (que lembrava o cativeiro) foi substituído pelo termo preto e preta ou "de cor", porque acreditavam que, assim, eles se refeririam à cor da pele e não à condição social da pessoa.

Na época atual, negro voltou a ser usado para designar as pessoas descendentes de africanos. O problema é que muitos que têm a pele escura não se sentem, nem se enxergam, negros. E muitas pessoas com a pele clara afirmam a sua negritude. Como lidar com isso, num país estruturado para tentar embranquecer? A situação fica mais complicada quando sabemos que, em 2007, o geneticista Sérgio Danilo Pena, da Universidade Federal de Minas Gerais, ao realizar uma pesquisa que analisou o DNA de várias pessoas, pelo Projeto Raízes Afro-brasileiras, comprovou que o sambista Neguinho da Beija-Flor, por exemplo, tem 67,1% de genes europeus e 31,5% de africanos.

Ai, ai, ai... lá vem ela fazer mais confusão na minha cabeça! É, esse negócio não é fácil mesmo, não. Como é que o cara pode ter a pele preta, todas as características dos africanos e ser, praticamente, um europeu? Diante desta realidade surpreendente, o pesquisador afirmou que a explicação para esse resultado está na intensa miscigenação da sociedade brasileira. Ou seja, a ciência comprovou que os traços físicos não podem definir se uma pessoa é negra ou branca. O que faz toda a diferença no nosso caso é a posição política que assumimos. Ou seja, a autodeclaração.

Lá e cá

Vamos agora tentar responder por que o nosso caso é assim tão complicado. Roberto Carlos da Silva Borges, doutor em Estudos da Linguagem e coordenador do programa de pós-graduação *stricto sensu* do Cefet/RJ, nos ensina que é um erro comparar as relações raciais do Brasil com as que existem nos Estados Unidos da América ou na África do Sul, por exemplo. Ele explica que nesses países o que define a condição de negro ou branco é a ascendência familiar, "independentemente da cor da pele, dos olhos, da quantidade de melanina ou do tipo de cabelo (fenótipo). Se há negros na ascendência (uma avó, um bisavô ou um tataravô), uma gota de sangue desse negro é o suficiente para que a pessoa seja negra também" (2007, p. 2). Por outro lado, seguindo os ensinamentos de Borges, aprendemos que "é o fenótipo que define quem é o negro brasileiro, independentemente da origem".

> Talvez residam aí, como aponta [Kabengele] Munanga, a eficácia e a originalidade do sistema racial brasileiro. A estrutura racista sem hostilidades fortemente abertas faz com que os grupos diferenciados não procurem o fortalecimento de suas identidades nem autonomia, pois a ideologia que perpassa nossa cultura tenta nos convencer o tempo todo de que o Brasil tem um destino comum a seus habitantes e que somos todos iguais — perante Deus e perante as leis —, principalmente pelo fato de sermos todos mestiços". (Borges, 2007, p. 2-3).

4. Abolição inacabada e a Princesa Isabel. Por que não se comemora o 13 de maio?

Tenho certeza que, depois de viajarmos até aqui, você já deve saber que os africanos, indígenas e seus descendentes não são massas uniformes que possuem comportamentos programados. Ao contrário, são grupos humanos que possuem a capacidade (humana) de resistir, negociar, lutar, conciliar... E por serem diferentes entre si — já que todos nós, em última análise, somos diferentes —, agem e pensam de maneira diversa. Se há uma coisa que incomoda quem conhece um pouco da história das lutas dos descendentes de africanos e indígenas no Brasil é a existência de uma apregoada "passividade" dos escravizados perante a escravidão. Durante muito tempo a historiografia oficial parece que esqueceu — ou omitiu! — várias partes importantes das lutas, saberes, relações, e relegou aos escravizados (assenzalados e revoltosos), alforriados e mestiços o papel de espectadores dos acontecimentos.

Parece que tudo o que aconteceu, até a assinatura do documento que legitimou a liberdade de milhares de pessoas, não teve a participação decisiva — e precursora! — dos seus maiores interessados. O fim da escravidão não foi um conto de fadas que teve um final feliz "para sempre". Ao contrário, foi um processo lento, sofrido e de muitas lutas.

> Josef Goebbels, ministro de Propaganda do III Reich, já sabia que "Uma mentira repetida cem vezes torna-se verdade". Foi com essa máxima que o Exército de Hitler conseguiu desqualificar judeus, ciganos, negros e homossexuais durante a Segunda Guerra Mundial.

Acredito que neste ponto da viagem você já está preparado para saber que esta suposta "passividade", imputada aos muitos grupos de escravizados e libertos, também foi construída como uma estratégia de colonização cultural. Já sei que você vai dizer: Ih, lá vem ela de novo com essas coisas complicadas... Mas não é, não! Estou apenas explicando que era (ou é, dependendo de como se encara a questão) muito mais cômodo para a manutenção do *status quo* — científica e politicamente — negar o protagonismo de mestiços, africanos e descendentes quando o assunto se referia à liberdade e reconhecimento de direitos. A Abolição da Escravatura, ocorrida em 13 de maio de 1888, ao contrário do que muitos podem pensar, não foi um presente ofertado aos escravizados pela princesa, nem o reconhecimento de que a escravidão foi um dos mais cruéis sistemas de produção de riquezas de que temos notícias.

É consenso entre os pesquisadores que a Abolição não trouxe nenhum benefício aos ex-escravizados. Muitos, depois do 13 de maio, sem ter para onde ir, permaneceram nas fazendas em condições iguais às que viviam quando eram assenzalados.

Ao analisar as conquistas de direitos e cidadania dos grupos negros brasileiros pela passagem dos 120 anos da Abolição, o cientista social Jorge da Silva, professor da Universidade do Estado do Rio de Janeiro e pesquisador do Núcleo Fluminense de Estudos e Pesquisas (Nufep) da Universidade Federal Fluminense, afirma que

> (...) a "oportunidade" que se oferece ao negro no Brasil é mais ou menos a oportunidade de sobrevivência que se dá a alguém jogado numa piscina com os pés e as mãos amarrados. Se ele não se salvar a culpa terá sido dele, que não se esforçou ou não teve inteligência suficiente para desamarrar-se. (Silva, 2008, p. 25).

Vamos refletir: no Brasil, africanos, indígenas e seus descendentes passaram três séculos e meio tendo sua força de trabalho escravizada e, apesar de serem os geradores de riquezas (financeiras e culturais), representavam uma ameaça à estabilidade política e econômica dos grupos abastados. Isso sem falar na desqualificação de suas compreensões de mundo (culturas, religiões e expressões artísticas). Esses mesmos indígenas, africanos e seus descendentes foram tratados, pelas pseudociências do século XIX, como a origem do mal e do fraco desenvolvimento do Brasil. Em contrapartida, o eurocentrismo e o ideal de embranquecimento da população fizeram com que o governo desenvolvesse políticas de imigração que incentivaram a vinda de grupos europeus. Num primeiro momento, italianos, alemães, portugueses, poloneses etc. receberam tratamento completamente diferente daquele recebido pelas pessoas que vieram por força da escravidão. E também pelos que já estavam aqui e foram dizimados em nome da "civilização".

Não se trata de desqualificar ou diminuir a importância histórica de bravos homens e mulheres que saíram de seus países — por força de guerras e perseguições étnicas — para tentar a vida no Brasil. Nem de aparentar uma "facilidade" superficial para os imigrantes. Toda imigração — principalmente para um país em que os donos das fazendas só sabiam lidar com escravos — é sempre muito difícil. Mas é preciso identificar as condições e o momento histórico diferenciado em que esses grupos chegaram aqui.

Quando a princesa Isabel assinou a chamada Lei Áurea não cometeu um ato de redenção. Ela só o fez porque não havia saída. Centenas de revoltas pipocavam em todo o país e havia o temor real de que se perdesse o controle da situação. Era a abolição ou a revolta generalizada.

O processo de libertação — por meio de lutas por direitos e do Movimento Abolicionista — dos escravizados foi lento e levou perto de 60 anos, e fez com que o aumento do número de revoltas nas senzalas, as fugas, a pressão dos países estrangeiros pela libertação dos assenzalados e a consequente popularização dos movimentos abolicionistas — que acabou ganhando as ruas — não desse alternativa à monarquia.

POLÊMICA

Reprodução da capa do *Jornal do Senado* (14 maio 1888), noticiando a Lei Áurea.

    O que mais causa estranhamento é que, depois da promulgação da lei que libertou os escravizados, nenhuma ação governamental foi empreendida para que eles pudessem ser considerados como cidadãos brasileiros. É como se um pedaço de papel, pelo simples fato de existir, apagasse a história dos mais de 350 anos de dominação, subserviência e servidão. Esse é o motivo de o dia 13 de maio ser considerado a data de um dos maiores embustes legais que rondam a História do Brasil: a abolição inconclusa, "que não garantiu, de fato, a liberdade dos escravizados, já que não lhes proporcionou condições econômicas nem psicológicas de se instituírem como cidadãos, mas sim os deixou à margem da sociedade" (Borges, 2007).

Mas, então, qual é a data em que se relembram as lutas por liberdade e igualdade no Brasil?

20 de novembro — *Dia da Consciência Negra*

Em 20 de novembro de 1695, o líder Zumbi, do Quilombo dos Palmares (localizado na Serra da Barriga, em Alagoas), teria sido assassinado e, com sua morte, chegava ao fim um dos maiores núcleos de resistência à escravidão de que temos notícias. Palmares, apesar de objeto de muitas controvérsias históricas, mantém-se como ícone de luta pela liberdade de milhares de pessoas. Sabemos hoje que esse quilombo — assim como muitos outros — reuniu africanos de muitas etnias, escravizados, alforriados, mestiços, índios, órfãos, judeus, muçulmanos e muitos outros grupos perseguidos pelo sistema colonial brasileiro. Palmares resistiu por mais de um século contra todas as investidas armadas devido a suas bem traçadas estratégias de defesa e combate e a seus guerreiros, formados a exemplo dos exércitos africanos.

Porém, foi somente na década de 1970, no Rio Grande do Sul, que um grupo de ativistas chegou à conclusão de que 20 de novembro foi a data de execução de Zumbi e a estabeleceram como Dia da Consciência Negra. Desde essa época, vários grupos dos Movimentos Negros defenderam que o 20 de Novembro fosse incorporado — no calendário nacional — como a data de memória das lutas dos escravizados por liberdade. Se o 13 de maio expressa a celebração da "generosidade" de uma princesa em relação aos cativos, em vez de enfatizar as lutas por liberdade, o 20 de novembro resgata o espírito de resistência e combate de negros e negras perante a opressão da escravidão. Somente em 2003 a data foi estabelecida como parte do calendário escolar brasileiro.

Resistências e transformações

O degredo (retorno à África de revoltosos e alforriados) também foi muito utilizado após a abolição. Depois do 13 de maio de 1888, muitos africanos e seus descendentes retornaram, com seus próprios recursos, em busca de suas famílias e histórias, perdidas com a escravidão. Porém, muitos outros não puderam ou não quiseram retornar.

No início do século XX, não era mais apenas a cor da pele que fazia a diferença nas relações. Mesmo definindo a origem das pessoas — quanto mais escuras, mais próximas dos escravizados e do "mal" —, o Brasil já estava num amplo processo de mistura de cores, sabores, saberes, crenças... O mais importante é entender que essas "misturas" e escolhas não se deram de maneira serena, leve, em meio a sorrisos... Algumas aconteceram como forma de resistência e estratégia de sobrevivência.

Muito mais pela força que pela negociação ou passividade, a religião dos africanos misturou-se com o catolicismo (nas irmandades católicas ou nos terreiros de umbanda e candomblé), os unguentos e patuás de índios e africanos já tinham extrapolado seus usos para descendentes de portugueses, italianos e indígenas de muitas etnias... os africanos e seus descendentes também foram obrigados a reelaborar seus costumes. E não pense que isso aconteceu só no Brasil. No atual Benin, para onde muitos ex-escravizados retornaram, a transformação também foi grande.

Agudás do Benin

Um exemplo do que estou falando são os Agudás (descendentes de brasileiros que retornaram ao Benin depois da Abolição da Escravatura) e que hoje representam quase 10% da população do país. Apesar de terem adotado o francês (língua do colonizador) como o idioma oficial, quando se encontram cumprimentam-se com "Bom dia", "Boa tarde".

Suas festas são regadas a "feijoadá" ou "kousido", e o orgulho de seus ancestrais brasileiros está presente nas músicas cantadas em português. Em muitas regiões do Benin são encontradas igrejas de estilo colonial e mesquitas — construídas por brasileiros —, que revelam as fortes influências católicas e islâmicas na composição de suas comunidades.

Estima-se que hoje em dia há cerca de 400 sobrenomes luso-brasileiros no país. São Silvas, Souzas, Freitas, Domingos, entre outros, vivendo em cidades ao sul do país, como Porto Novo, Uidá e Cotonou.

> A família de Francisco Félix de Souza, o "Chachá" — rico traficante de pessoas que, devido às muitas relações comerciais com o antigo rei do Daomé (atual Benin), transformou-se em vice-rei do Abomey —, é uma das maiores e perpetua-se, ainda hoje, como dinastia no Benin.

Falando de reparações e de cotas

Desde antes de a escravidão ser extinta, os escravizados e seus descendentes lutam por direitos (acesso a escola, tratamento digno, direito a moradia, trabalho remunerado) e contra a discriminação baseada na cor da pele. Atualmente estas lutas podem ser identificadas como a implantação de Ações Afirmativas, que significam tratar de forma diferente aqueles que sempre receberam tratamento desigual. Ou seja, uma possibilidade de tentar equiparar, do ponto de vista social, econômico, cultural e educacional, essa grande parcela da população brasileira, descendente daqueles que, por mais de três séculos, foram sequestrados, vilipendiados e submetidos a trabalhos forçados.

Mas, peraí, Rosiane! Não foi você mesma quem disse que hoje não dá para saber quem é negro e quem é branco? Sim! É neste ponto que chegamos a um dos muitos nós das ações de reparação e de toda a polêmica que ainda rondam as cotas raciais, mesmo depois de aprovadas em todas as universidades públicas do país pelo Supremo Tribunal Federal, em 2012.

O objetivo das cotas é tentar diminuir as desigualdades econômicas e educacionais que separam as pessoas de pele escura e indígenas da população considerada "branca" no Brasil. Essas diferenças são de arrepiar! O economista Marcelo Paixão, coordenador do Laboratório de Análises Econômicas, Históricas, Sociais e Estatísticas das Relações Raciais (Laeser) da UFRJ, que desenvolve o Relatório Anual das Desigualdades Raciais no Brasil, não nos deixa dúvidas. Esses dados estão disponíveis na internet, no seguinte endereço: <http://www.laeser.ie.ufrj.br>. Acesso em: 8 ago. 2012.

Capítulo IV
Também somos muçulmanos?

1. A saga dos muçulmanos escravizados no século XIX — a Revolta dos Malês

João José Reis é o responsável pelos mais minuciosos estudos sobre a revolta que sacudiu o Império e que mudou, definitivamente, as relações entre escravizados e senhores, de norte a sul do Brasil: o Levante dos Malês. Suas pesquisas são fundamentais para a nossa compreensão das relações urbanas das populações escravizadas no século XIX, em Salvador. Ele nos conta que

> (...) se o levante tivesse sido um sucesso, a Bahia malê seria uma nação controlada pelos africanos, tendo à frente os muçulmanos. Talvez a Bahia se transformasse num país islâmico ortodoxo, talvez num país onde as outras religiões predominantes entre os africanos e crioulos (o candomblé e o catolicismo) fossem toleradas. De toda maneira a revolta não foi um levante sem direção, um simples ato de desespero, mas sim um movimento político, no sentido de que tomar o governo constituía um dos principais objetivos dos rebeldes. (Reis, 2003).

A Revolta dos Malês é importante não só por evidenciar a capacidade de articulação política dos "negros" que viviam na cidade de Salvador, mas também porque foi por meio dela que as diferenças dos grupos de africanos que vieram como escravizados ficaram mais evidentes. As classificações por etnia (como nos ensina José Reis, os muitos grupos de africanos que chegaram nesse período — hauçás, fon, mahi, iorubás, nupes, tapas, bornus etc. — tinham o tronco linguístico iorubá e foram chamados de nagôs) não eram mais suficientes para determinar os costumes dos escravizados.

Compare a escrita dos dois documentos, datados do século XIX: o da esquerda é escrito em árabe corrente; o da direita pode ser atribuído a uma das centenas de línguas africanas escritas com caracteres árabes.

> Iorubá é um idioma que chegou ao Brasil pelos escravizados. Nas senzalas havia também o bantu (dos primeiros africanos traficados para o Brasil) e o fon. O iorubá é falado na África, ainda hoje, por mais de 10 milhões de pessoas.

Para você ter uma ideia, foi nesse período (primeira metade do século XIX) que aconteceram múltiplos conflitos religiosos e políticos nos reinos de Ifé, Oyó, Dahomé, Ibadan (atualmente cidades da Nigéria e do Benin) devido à *jihad* islâmica. Esses conflitos fizeram com que muitos dos escravizados fossem, na prática, prisioneiros de guerra — em parte, os africanos muçulmanos (*imalê*, em iorubá, pode ser traduzido como muçulmano).

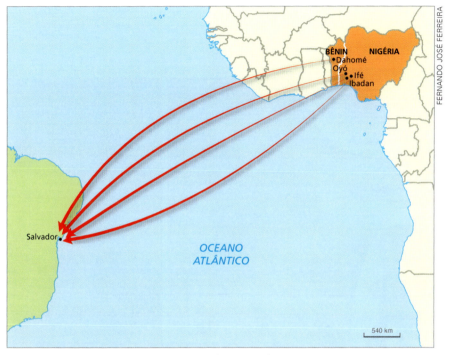

A maioria dos presos de guerra de Dahomé, Oyó, Ifé e Ibadan foi mandada para a Bahia.

> *Jihad*, para os muçulmanos, significa "esforço para se manter fiel às determinações de Deus". O termo tem sido utilizado com o significado de guerra santa islâmica. Reconheço que a utilização do termo como guerra santa, por diversos veículos de comunicação, não dá a dimensão correta de seu significado. Porém, utilizo-o com o mesmo sentido — que penso incorreto — para facilitar a compreensão do leitor.

Acredita-se que a familiaridade desses grupos, incluindo os não muçulmanos, com as disputas políticas e religiosas em seus reinos tenha sido decisiva para o aumento das rebeliões e conflitos ocorridos nessa época. Outra dimensão dessa história é que, ao chegarem ao Brasil na condição de escravos, as divergências políticas e religiosas ocorridas em África deram lugar a uma afinidade ainda maior entre os islamizados e os que mantinham outras expressões religiosas.

Ilustração da cartilha "Revolta dos Malês", de Maurício Pestana.

A Revolta do Malês — planejada e liderada pelos muçulmanos nagôs, mas com apoio de outros escravizados e forros —, como atesta Rosemarie Quiryng-Zoche, pesquisadora na Universidade de Freisburg-Breisgau (Alemanha), não foi uma luta religiosa, mas, sim, política. Os malês não tinham por objetivo implantar o Islã na Bahia, mas, sim, garantir o controle político do governo. A língua (iorubá) e as histórias comuns "facilitaram a mobilização em 1835 para além das colunas muçulmanas". (Reis, 2003).

> Conta-se que Luiza Mahin (mãe de Luiz Gama, um dos maiores abolicionistas do século XIX) foi uma das líderes da Revolta dos Malês. Após o episódio, ela teria ido para o Rio de Janeiro, de onde retornou (deportada) à África.

O fato de serem muçulmanos, alfabetizados e mais cultos que seus senhores, revelava uma face da África ainda desconhecida no Brasil: havia no continente africano uma elite culta e letrada, versada na escrita árabe, capaz de coordenar e liderar um movimento político. O levante foi denunciado antes de acontecer, mas, mesmo assim,

> (...) a revolta envolveu cerca de 600 homens, o que parece pouco, mas esse número equivale a 24 mil pessoas nos dias de hoje. Os rebeldes tinham planejado o levante para acontecer nas primeiras horas da manhã do dia 25 (de janeiro), mas foram denunciados. Uma patrulha chegou a uma casa na ladeira da Praça onde estava reunido um grupo de rebeldes. Ao tentar forçar a porta para entrar, os soldados foram surpreendidos com a repentina saída de cerca de sessenta guerreiros africanos. Uma pequena batalha aconteceu na ladeira da Praça, e em seguida os rebeldes se dirigiram à Câmara Municipal (...). (Reis, 2003).

Cerca de 70 revoltosos foram massacrados pelas autoridades baianas. Alguns poucos foram presos. Após o massacre, o grupo de islamizados dispersou-se em sentido ao interior (ou zonas rurais) do estado. Vários foram para o Rio de Janeiro e Recife. Nosso mestre José Reis informa que a dispersão dos revoltosos, devido ao massacre promovido pela polícia baiana, pode ter sido um dos fatores que "esfriaram" as revoltas e insurreições, na segunda metade do século XIX.

Estudos do historiador Luis Carlos do Nascimento (UFBA, 2001), sobre a genealogia dos candomblés da região de Cachoeira, na Bahia, revelam que os malês foram absorvidos no culto de orixás, tendo até sido identificadas casas de candomblé malê. Já a historiadora Andréa Nascimento revela que, no Rio de Janeiro do século XIX, "os grandes responsáveis pelo culto da macumba carioca eram os negros muçulmanos, hauçás e malês" (1994).

Africanos x crioulos

Sabemos que a rivalidade entre africanos de nascimento, mulatos e crioulos (descendentes de africanos nascidos no Brasil) chamava a atenção dos senhores há muito tempo. Os escravizados africanos desconfiavam das relações próximas dos crioulos e mulatos com seus senhores — e viam uma certa cumplicidade e "afeto" entre eles. Na verdade, muitos dos mulatos eram filhos de estupros (por mais absurdo que pareça, esse fato horripilante era praxe nas senzalas) cometidos contra as escravizadas por seus "donos". Os filhos dessas "uniões", apesar de possuírem a pele mais clara, continuavam na condição de escravos, porém recebiam regalias — como comer na cozinha da Casa Grande ou tornar-se capataz na fazenda daquele que era o seu verdadeiro pai. Eles jamais seriam reconhecidos como filhos legítimos e poucos ganhavam a alforria.

Já em relação aos crioulos, a própria relação de convívio pode ter possibilitado proximidades. Estamos falando de pessoas, que vivem, têm simpatias, antipatias, rejeições e afetos e que se comportam de acordo com o grupo social em que estão inseridos. Os antigos dizem que quando queremos conhecer alguém "devemos comer um quilo de sal com ele". É que comer um quilo de sal leva tempo. E, nas relações entre pessoas, o tempo molda muitas coisas. Ninguém é bom ou mau o tempo todo, com exceção dos "doidos de pedra"!

O problema é que esse "afeto" pode ser compreendido como uma atitude paternalista dos senhores — no sentido de oferecer mínimas concessões a alguns escravizados e, com isso, gerar uma espécie de dependência senhorial entre assenzalados e europeus. Para alguns autores, o paternalismo pode ser compreendido como uma forma de dominação camuflada. Essa relação paternalista iria perdurar por muito tempo e ainda hoje pode ser sentida nas relações entre patrões e empregados.

2. Influências religiosas

Alguns pesquisadores defendem que, no século XVI, escravizados muçulmanos já estavam presentes nas senzalas brasileiras. Ou seja, muito antes da chegada dos africanos malês (de origem iorubá), no século XIX. E não adianta fazer essa cara! Devemos nos perguntar o porquê dessa informação passar despercebida por tanto tempo. Como já disse, a expansão muçulmana (chamada *Futuhat*, que em árabe significa "abertura", com sentido de justiça social) no continente africano foi iniciada no fim do século VII, na antiga Núbia (atual Sudão), e atravessou, pelas rotas de comércio, o deserto do Saara, chegando ao centro e ao sul do continente. Roland Oliver — que foi professor emérito de História da África da Universidade de Londres — nos conta que os povos do tronco linguístico bantu — formados por um sem número de etnias e, não por coincidência, os primeiros a chegar como massa escravizada ao Brasil, no século XVI — já mantinham intensos contatos culturais e religiosos com comerciantes muçulmanos, originários do Reino do Mali.

Assim como o Egito, que se expandiu política e culturalmente no tempo dos faraós, o Mali (primeiro reino islâmico da África) transformou-se, nos séculos XIII e XIV, num dos mais importantes impérios do continente por seu rico comércio de ouro, sal, escravos, marfim, e também por sua vasta produção literária. Foi com a expansão do reino do Mali que o islamismo atingiu vários pontos do continente. Os territórios subjugados ou conquistados eram convertidos à fé islâmica pelos *malinkes* (habitantes do Mali). Assim foi com muitos grupos da Costa da Mina e da Guiné — o primeiro porto de tráfico de pessoas para o Novo Mundo.

O historiador Leonardo Bertolossi nos conta que os primeiros escravizados que chegaram ao Brasil, embarcados sobretudo na Costa da Guiné, já tinham contato com as práticas islâmicas, devido à expansão do Reino do Mali.

> Os malinkes ou mandingas constituíram um dos impérios mais fortes da Idade Média, conseguindo manter sua coesão, durante alguns séculos, na maior parte do Ocidente africano. No início do século X, os malinkes impuseram a sua dinastia às outras comunidades africanas *e no século XI o seu rei converteu-se ao islão, embora a grande massa do povo ainda tivesse continuado com suas antigas crenças, o que se estende até hoje.* No século XIV tornou-se famoso o esplendor do "Grande Mali", sobretudo devido aos feitos de Kanka Mussa, em cujo reinado o império se estendeu muito para fora das suas fronteiras". (Bertolossi, 2006, p. 3. Grifos nossos).

O estudo de Bertolossi sobre os malinkes e mandingas nos ensina que amuletos produzidos pelos sacerdotes do Mali, que apesar de convertidos ao Alcorão não abandonaram suas antigas crenças, se popularizaram na Costa da Guiné e foram denominados aqui de bolsas de mandinga. Seguindo o estudo de Bertolossi, essa prática "muçulmana" de uso de amuletos foi identificada nos calundus, em várias partes do Brasil, no século XVIII.

> O grupo étnico mandinga foi associado pelos oficiais da Santa Inquisição a praticantes dos ritos "calunduzeiros" e eram confundidos, como nos conta Bertolossi, "com os benzedeiros, rezadeiros, curandeiros". É daí que pode ter surgido a associação da expressão "mandinga" para "coisa feita", "feitiçaria".

Há um vasto número de documentos que registram práticas calunduzeiras, perseguidas pela Santa Inquisição, no atual estado de Minas Gerais. Para muitos pesquisadores, o Calundu e o Acotundá (ou dança de tunda) são as primeiras expressões das diversas religiões que se formaram por aqui (candomblé, xambá, toré, tambor de mina, pajelança, candomblé de caboclo, umbanda, catimbó, e muitas outras) e mantiveram as matrizes africanas — incluindo-se aí o islamismo das bolsas de mandinga.

Ora, se o uso de amuletos (ou bolsas de mandinga), ainda hoje comum em muitos rituais afro-brasileiros, está relacionado a uma influência muçulmana que nos chegou da África; se o Islã, de uma forma ou de outra, estava presente nas culturas e religiosidades dos muitos grupos africanos escravizados — que fundaram no Brasil um número considerável de expressões culturais e religiosas — por que a maioria dos brasileiros trata as práticas muçulmanas como uma expressão religiosa e cultural tão distante? Por que ninguém nunca reparou nessa islamização dos primeiros escravizados? Tenha certeza de que esta é uma resposta difícil. Mesmo assim, convido você para desenvolvermos, juntos, uma reflexão.

Vamos lá! No século XVI, os países europeus já sabiam que o Islã era uma religião (e uma cultura!) muito popular nas rotas de comércio afro-asiáticas e também afro-europeias. Mesmo assim, a dificuldade de identificar a prática islâmica dos primeiros escravizados pode estar diretamente relacionada ao sincretismo — e é preciso entender "sincretismo" como uma proposta muito mais ampla, porque ela tem o sentido de amálgama cultural entre os grupos islâmicos das rotas de comércio e os clãs africanos, antes da exploração portuguesa do continente.

Outra forma de encarar essa questão é pensando no conceito de um duplo pertencimento excludente (ser africano e muçulmano), que fez com que milhares de homens e mulheres fossem tratados como "negros", sem que suas identidades culturais e religiosas fossem levadas em conta. Já sei que você vai dizer que estou falando difícil, não é? Não é bem assim. Duplo pertencimento excludente, como o próprio nome já diz, é quando fazemos parte, ao mesmo tempo, de dois grupos distintos que são marginalizados por aqueles que "ditam as regras", ou seja, dominam a sociedade.

Por exemplo: nos tempos atuais, ser homossexual e negro fará com que a pessoa seja discriminada por sua orientação sexual e pela cor de sua pele; ou ser um chinês candomblecista — a discriminação se dará por sua prática religiosa e a origem de nascimento; ou, ainda, ser portador de necessidade especial e morar numa favela — a discriminação virá pela condição física e social. Percebeu o que estou falando? Uma barra. Ser discriminado, por qualquer que seja o motivo, já é uma coisa horrível. Imagine em dose dupla?

A única coisa certa quando o assunto é escravidão é que existem muitas dúvidas e problemas. Para o historiador Paul Lovejoy (da Universidade de York, no Canadá), os donos de escravos no Novo Mundo conheciam, sim, as diferenças dos muitos grupos étnicos, só que o interesse era puramente a capacidade de trabalho. Lovejoy conta que eles

> (...) sabiam que algumas pessoas vinham de áreas prósperas e tinham habilidade para administração de estoque, por exemplo. Os senhores discutiam as habilidades e características dos escravos e chegavam até a construir estereótipos. (Lovejoy, 2012, p. 44).

Os primeiros estudiosos "ocidentais" da África defendiam que o continente não possuía — nem tinha direito a — História de seus povos, uma vez que suas fontes consistiam na oralidade dos anciãos (isso quer dizer que muitas sociedades africanas não tinham dados ou registros históricos escritos). Essa posição era reforçada pelo desapreço que esses estudiosos nutriam pelos sistemas políticos, religiosos e sociais dos povos africanos; foi por isso também que trataram os muçulmanos como seguidores de uma religião perigosa, por suas posições políticas e seus costumes pouco compreendidos aos olhos da Europa (e, atualmente, pelos Estados Unidos). Para os interesses das grandes potências, no início do século XX essa mistura soava "terrível", não é, não? Como já vimos, a colonização dos territórios africanos pelos países europeus está diretamente ligada à exploração de riquezas do continente, como pedras preciosas, petróleo e minerais nobres.

Fato é que, devido às influências e trocas culturais com as religiões ancestrais africanas, o muçulmanismo que chegou até nós pelos escravizados (entre os séculos XVI e XVIII) diferenciava-se muito daquele praticado nos países árabes, cujo primeiros imigrantes começaram a chegar ao Brasil no final do século XIX e início do XX.

Data de 1860 a chegada do primeiro grupo de sírio-libaneses ao Rio Grande do Sul. Porém, a maioria dos imigrantes do Oriente Médio fixou-se nos estados de São Paulo, Rio de Janeiro e Minas Gerais, e também formou comunidades expressivas no Acre, Amazonas, Maranhão e Ceará. Você já deve imaginar qual será a próxima frase. Se for a famosa "eles não são todos iguais", acertou em cheio! Primeiro, porque o fato de serem imigrantes de países árabes não fazia — e não faz! — com que eles fossem, necessariamente, muçulmanos. Ainda hoje há várias igrejas cristãs tradicionais — como a copta, uma das mais antigas do mundo — presentes e atuantes no Oriente Médio.

Segundo, porque, *grosso modo*, os muçulmanos dividem-se em xiitas, sunitas e karadjitas. Essas diferenças precisam ser levadas em conta para que possamos respeitar e entender o Islã. Elas referem-se, de certo modo, à descendência do profeta Maomé, e às disputas políticas entre os califas (governantes dos países muçulmanos), no início da Era Islâmica.

Amuletos e patuás

Mas para que serviam esses amuletos, denominados bolsa de mandinga? Como nos conta Bertolossi (2006), "acreditava-se que as bolsas de mandinga tinham propriedades terapêuticas (medicinais, de cura de enfermidades) e que fechavam o corpo de seus portadores contra doenças físicas e feitiços". Elas (as bolsas) eram — e ainda são! — feitas de

Atualmente, encontramos muitos amuletos e patuás vendidos ou distribuídos em vários pontos do país. Herança afro-islâmica às crenças brasileiras.

pano branco e podem conter penas, pedrinhas, búzios, pertences de um parente já falecido, ossos de animais, símbolos desenhados ou trechos de alguma oração etc. Muitas delas, encontradas no período colonial, já tinham incorporado elementos europeus e indígenas.

Durante a Revolta dos Malês, na Bahia, foram encontradas essas bolsas, contendo trechos em árabe do Alcorão (livro sagrado dos muçulmanos), com a maioria dos participantes do confronto. O pesquisador Sami Isbelle, da Sociedade Beneficente Muçulmana do Rio de Janeiro, nos conta que essa prática é realizada até hoje em diversos países islâmicos: os versículos do Alcorão são escritos em papéis e costurados em pedaços de couro ou pano.

Capítulo V
Judeus no Brasil: cristãos-novos

1. O Velho Testamento como história mítica da comunidade judaica

> O MITO NÃO FALA DAQUILO QUE É IMAGINÁRIO, FALA APENAS DAQUILO QUE SE MANIFESTOU PLENAMENTE. AS PERSONAGENS DOS MITOS SÃO SERES SOBRENATURAIS. ESTES SÃO CONHECIDOS SOBRETUDO POR AQUILO QUE FIZERAM NOS TEMPOS PRODIGIOSOS DOS "COMEÇOS".
> Mircea Eliade, *Aspectos do mito*.

Os judeus foram os primeiros a introduzir, ainda na Antiguidade, o conceito de um "livro sagrado portador de verdades". Ou seja, um livro que, além de orientar as práticas religiosas, também estabelecia normas de moral e conduta. Para esta incursão ao nascimento do primeiro povo a usar a escrita como ferramenta propagadora de ideias, teremos como guia o professor Roland Oliver, da Universidade de Londres — que já nos ajudou a entender os muçulmanos no continente africano.

Nosso mestre conta que no século XI muitos povos do continente africano já tinham estabelecido contato, ou praticavam, uma das três religiões que se originaram desses escritos: judaísmo, cristianismo e islamismo. Isso significa que muitos africanos já possuíam conhecimento dessas expressões religiosas, antes de serem vítimas do tráfico de seres humanos para o Novo Mundo, no século XV.

Outra questão fundamental para o nosso estudo: segundo a narrativa mítica, Jesus e Maomé são descendentes de Abraão, o grande patriarca bíblico. As genealogias (histórias familiares) de Jesus (contada no Novo Testamento) e de Maomé (narrada no Alcorão) revelam essa mitologia de origem comum. Os textos dizem que Sara, esposa de Abraão, não podia ter filhos. Por esse motivo, ela deu a sua escrava Hagar para que seu marido pudesse realizar o sonho de ser pai. Da união entre Hagar e Abraão nasceu Ismael. Quando Sara tinha 90 anos, por um milagre, ela engravidou de Abraão. Daí nasceu Isaque, que teria originado toda a descendência de Jesus. Mas, o que aconteceu com Ismael e sua mãe? Bom, a Bíblia e o Alcorão contam versões diferentes. Porém, as duas tradições concordam que Hagar e Ismael foram para o deserto... a tradição islâmica acrescenta que o profeta Maomé é descendente de Ismael.

É de ficar de boca aberta, não é? O espanto é normal. Eu mesma fiquei impressionada quando constatei esse fato. A grande questão é que as histórias das maiores religiões do planeta são umbilicalmente ligadas. E o mais interessante: pesquisas comprovaram que judeus e árabes têm origens culturais e linguísticas entre a Península Arábica e o Norte da África. Nesse caso, memória, mito e história parecem se encontrar.

Você deve estar se perguntando: como é que eu não sabia dessas coisas? Porque nos acostumamos a pensar nas escrituras sagradas — sejam judaicas, cristãs, hindus, budistas — como uma pregação religiosa. Só que não é bem assim. É bom termos em mente que as religiões são fundamentais para que possamos entender o pensamento e o compor-

> **Itan:** em iorubá, significa "mito".
>
> **Ifá:** na Nigéria, ou Fá, no Benim, é o nome de um oráculo. Trata-se de um sistema divinatório que consiste em associar 256 possibilidades de interpretação aos mitos ancestrais de algumas comunidades africanas. Em 2005, a Unesco declarou o Sistema de Ifá como Patrimônio Cultural Imaterial da Humanidade. (Fonte: Unesco. Disponível em: <http://www.unesco.org/culture/ich/index.php?lg=es&pg=00011&RL=00146>. Acesso em: 8 ago. 2012).

tamento de grupos sociais em diversas épocas e lugares. Não podemos perder de vista que as histórias religiosas — como o nascimento de Buda, de Jesus, a origem do Islã, os **itans** de **Ifá** — estão relacionadas aos mitos: episódios que narram, de forma poética, as origens dos povos.

> O mito, no sentido tratado neste capítulo, não significa "mentira". Ao contrário! Seguindo Mircea Eliade, o mito refere-se à forma como um povo traduz sua compreensão e interpretação da existência.

Então, devemos começar pelo início... O nosso guia desta longa e fascinante viagem ensina que a expansão do judaísmo pela África, Mesopotâmia (atual Iraque) e Península Arábica foi impulsionada pela escrita. Importantes sinagogas e escolas judaicas nasceram na Babilônia e, segundo o professor Oliver, estiveram presentes no Egito. Você se lembra de que lá no capítulo I disse que o Egito reunia um montão de povos e de etnias? Pois bem. É possível que o povo hebreu estivesse presente no Antigo Egito, antes do início das dinastias dos faraós.

O professor Oliver ensina que o judaísmo — ou o que seriam os primórdios do povo judeu — iniciou sua prática de conversão por meio de casamentos interétnicos, avançou pela costa marítima do Mediterrâneo e das rotas de comércio — parece que quase tudo na África aconteceu por essas rotas, não é mesmo? O judaísmo também adentrou o continente, expandindo-se pela Núbia (atual Sudão) e Etiópia, sendo bem recebido pelos camponeses que viviam no interior do continente.

Antes do nascimento de Jesus Cristo (evento que mudou até o calendário deste lado do globo terrestre), a mensagem judaica que pregava a solidariedade entre os "irmãos" — o que fazia toda a diferença nas longas jornadas pelo deserto —, a crença em um Deus único e a exigência de uma conduta moral rígida entre os seus seguidores foi muito bem aceita entre os mercadores que atravessavam o deserto em direção à região subsaariana (abaixo do Saara), à Europa e à Ásia.

Porém, foi no período em que o Egito era governado por Roma (Dinastia Ptolomaica) que os judeus alcançaram um de seus momentos de importância histórica. Oliver conta que houve um filósofo na cidade de Alexandria, chamado Filo (judeu egípcio), que deixou registrado

Judeus etíopes durante ritual religioso.

em papiros que, nessa época, mais de 10% da população egípcia era de judeus. É nesse período também que o Templo do rei Salomão — que se casou com a rainha de Sabá — foi construído. A rainha de Sabá era a soberana da Etiópia! Muitos estudiosos da tradição judaica admitem que deste casamento, entre Salomão e a rainha de Sabá, nasceu a linhagem de judeus etíopes, da tribo perdida de Dan.

> Pesquisas revelaram que o primeiro escrito antissemita foi encontrado na cidade de Alexandria, datado do século I d.C. Ele é atribuído a um ex-hebreu, convertido ao cristianismo.

Após o advento do cristianismo, que iniciou um longo período de perseguição às sinagogas e às comunidades judaicas, muitos judeus migraram para a Europa e algumas partes da África. Porém, a única religião que foi capaz de competir com o judaísmo e de o ultrapassar em número de fiéis, nessa região, só iria aparecer no ano de 610 d.C., com a revelação do anjo Gabriel ao profeta Maomé. Em 200 anos, o Islã tornou-se a mais popular religião da parte norte da África e dos países árabes.

Judeus e o Brasil

É importante fazermos um breve retorno às origens do judaísmo porque vários pesquisadores aceitam a hipótese de os judeus estarem no Brasil desde o século XVI. Eles podem ter chegado por aqui nas caravelas de Pedro Álvares Cabral. Sério! A carta de Pero Vaz de Caminha, enviada ao rei de Portugal para relatar a chegada ao Novo Mundo, informava sobre os prisioneiros que foram deixados por aqui. Prisioneiros? Como assim? O que isso tem a ver com os judeus?

Muito antes de a primeira leva de imigrantes judeus chegar ao Brasil, no século XIX, era costume em Portugal enviar hereges (entre eles, pessoas acusadas de judaização e ciganos) como degredados para as suas colônias da África, da Índia e para lugares no interior do reino. O degredo era um dos piores castigos da justiça portuguesa da época e só perdia para a pena de morte, que não poupava os "hereges". E tome fogueira! Com a necessidade de povoar o Novo Mundo, o rei determinou que os degredados fossem enviados para cá.

Tribunal da Inquisição, de Goya, 1816, óleo sobre madeira, 73 × 46 cm.

Durante muito tempo, acreditamos que os degredados que vieram ajudar a povoar o Brasil eram uma galera "barra-pesada": assassinos, ladrões, estupradores e marginais de toda a ordem. Só que uma pesquisa realizada pelo historiador Francisco das Chagas Silva Souza, da Universidade Federal da Paraíba, revela que

> Ao estudarmos documentos da Inquisição, percebemos, com surpresa, que os tão "horrendos" crimes passíveis de degredo não eram nada mais do que pequenos furtos, promessas de casamento não cumpridas, seduções, adultérios, *misticismo, judaísmo* e *blasfêmias*, entre outros do gênero. (Souza; Fernandes, 2008, p. 3. Grifos nossos).

2. O Recife como primeiro abrigo brasileiro

Apesar de a chegada de judeus ao Brasil como degredados de Portugal ser comprovada historicamente, as referências sobre essa época são muito escassas. É possível que muitos judeus portugueses (os mais pobres) tenham "optado" pelo degredo, em meados do século XVI, como forma de fugir do Tribunal do Santo Ofício — que perseguia e matava, na Espanha e em Portugal, judeus, ciganos e muçulmanos que se recusassem a converter ao catolicismo. Outra opção era a migração (fuga) para outros países, principalmente os da África. Mais uma vez chamo sua atenção: os judeus não são uma massa sem rosto. Há muitas formas de ser judeu. Neste momento, e especialmente neste texto, refiro-me aos judeus sefarditas, que ainda hoje vivem nos países ibéricos (Europa Ocidental) e usam o idioma ladino — mistura de hebraico com espanhol — para se comunicar.

> Os judeus que migraram, no século XVIII, para os países da Europa Oriental (Polônia, Alemanha e Rússia), são chamados de *ashkenazitas*. Eles usam o idioma iídiche (uma mistura de hebraico e alemão) para se comunicar.

E, mesmo assim, alguns eram mais abastados, outros nem tanto; uns moravam nas cidades, outros no campo. Então, mesmo sendo todos judeus sefarditas, havia diferenças de moradia e condição social. Saber disso faz toda a diferença para entendermos, de fato, as muitas histórias que compõem a história do povoamento do Brasil.

Voltando: muitos que se convertiam ao catolicismo continuavam praticando o judaísmo às escondidas. Você acha que alguém muda seus hábitos e crenças, de uma hora para a outra, por causa de uma lei, ou à força? Por certo que, mesmo convertidos, eles continuavam a executar os rituais judeus, chamados de "judaizantes". Daí o nome "cristão-novo" para designar os judeus recém-convertidos ao catolicismo.

No que diz respeito ao Brasil, o que sabemos é que, durante muito tempo, duas caravelas desembarcavam por ano, lotadas de degredados. A Coroa Portuguesa, com objetivo de se livrar dos judeus mais abastados do reino, doava sesmarias no Novo Mundo, e embarcava os cristãos-novos para colonizar as terras por aqui. Só que eles ficavam sob rigorosa observação e, se fossem pegos "judaizando", eram presos pelo Santo Ofício e deportados para Portugal. E tome fogueira!

Mesmo assim, os registros mais consistentes da presença judaica no país são do período da ocupação holandesa, no primeiro meado do século XVII, quando muitos cristãos-novos já viviam por aqui e passaram a assumir o judaísmo como identidade religiosa. Isso só foi possível porque a administração holandesa, instalada em Pernambuco, manteve a flexibilidade religiosa em relação aos judeus. Na Holanda, eles tinham liberdade para professar suas crenças — há registros de uma próspera comunidade judaica em Amsterdã, no século XVII.

Já no primeiro século de povoamento e colonização do Brasil é possível observarmos a presença de um embrião da comunidade judaica.

POLÊMICA

> A presença de "cristãos-novos" na Capitania de Pernambuco pode ser observada, no século XVI, a partir de documentação de duas naturezas. A primeira delas é relativa aos processos de doação de terras (como a que foi feita, em 1542, tendo como beneficiários Diogo Fernandes e Pedro Álvares Madeira). A outra é concernente aos registros das "denunciações" feitas aos visitadores do Santo Ofício (que estiveram em Olinda entre os anos de 1593 e 1595). Em ambas, observamos que os judeus conquistaram vários espaços da vida social. Entre outras ocupações, podemos encontrar senhores de engenho, mercadores, onzeneiros, rendeiros na cobrança dos dízimos e exportadores de açúcar. (Cord, 2005, p. 9).

Marranos: é possível que o termo provenha do hebraico *mar anuss*, que significa "convertido à força", e que tenha sido adotado pelas comunidades judaicas europeias para se referirem aos judeus obrigados pela Inquisição a converter-se ao Catolicismo Romano. Alguns autores defendem que o termo, que em espanhol significa "porco", seria uma forma ofensiva, popular na Europa, para designar os judeus.

Segundo alguns estudos do período colonial brasileiro, os cristãos-novos representavam mais de 10% da população livre do Nordeste, no século XVIII. Eles também já haviam se estabelecido no Rio de Janeiro desde o século XVI e em 1695 chegavam a ser três quartos da população livre local. No início do século XVIII, representavam 24% da população. Do Rio de Janeiro e de São Paulo, um número considerável foi em busca do ouro das Minas Gerais, onde se juntou a outros, vindos de Portugal.

As pesquisas de Anita Novinsky, do Laboratório de Estudos sobre a Intolerância da Universidade de São Paulo, revelam a presença de cristãos-novos e **marranos** no período colonial brasileiro (séculos XVI a XIX) na Bahia, Paraíba,

Rio de Janeiro, São Paulo, Goiás e Minas Gerais — onde estabeleceram residência, principalmente, nas cidades mineiras de Vila Rica, Mariana e região do rio das Mortes.

Diversidade judaica e a imigração no século XIX

Apesar de alguns autores citarem a presença de judeus sefarditas (da Península Ibérica) nos primeiros séculos da colonização brasileira, a chegada deles é muito mais documentada nas migrações do início do século XIX. Já sei no que você deve estar pensando: mas que negócio é esse de *ashkenazita*, sefardita... não são todos judeus? Sim, são judeus porque é assim que se identificam. Mas existem muitas diferenças. Alguns respeitam as mesmas datas, comungam de quase todas as mesmas crenças — apesar de haver grupos não religiosos —, podem falar idiomas diferentes, possuem compreensões diferenciadas relativas aos casamentos e podem divergir de algumas leis mosaicas.

Em resumo — se é que é possível resumir alguma coisa quando tratamos de diferenças e igualdades —, a diversidade judaica é tão grande que seria impossível, para o objetivo deste livro, descrever todos os grupos.

O que nos importa é demonstrar para você que os judeus também estiveram presentes no povoamento do país desde os primórdios da nossa colonização. Isso sem falar nos ciganos que, devido a perseguições religiosas, em muitos momentos de sua história imigraram para o Brasil ou chegaram aqui como degredados.

Em 1820, chegaram à Amazônia grupos de judeus sefarditas e *ashkenazitas*, que fixaram residência em Belém e em algumas pequenas cidades do interior do Pará e Manaus. No fim da década de 1890, alguns foram para o Rio Grande do Sul — para as cidades de Santa Maria, Erexim, Quatro Irmãos e Porto Alegre —, onde eram conhecidos como "russos". Foram os imigrantes judeus de origem marroquina que iniciaram o processo de industrialização da região; em Pernambuco, no Rio de Janeiro e em São Paulo, também no fim da década de 1890, chegava uma nova leva de imigrantes. Muitos grupos de judeus sefarditas e *ashkenazitas* vieram para o Brasil, no fim do século XIX e início do século XX, fugindo das perseguições religiosas que ocorriam em toda a Europa.

O fato é que por serem considerados não brancos, mesmo sendo, em sua grande maioria, europeus, os imigrantes judeus eram malvistos pelo governo brasileiro, que os achava inassimiláveis. Ou seja, os governantes da época acreditavam que eles manteriam suas tradições culturais e religiosas. Sendo assim, não contribuiriam para o processo de embranquecimento da população.

> Muitos estudos revelam a existência de restaurantes de comidas preparadas segundo as tradições judaicas (*kasher*), em plena Praça Onze — o "berço" do samba e do carnaval carioca.

Capítulo VI
Brasil: construção e conflitos

1. Quem são os "outros"?

> SE A MESTIÇAGEM REPRESENTOU O CAMINHO PARA NIVELAR TODAS AS DIFERENÇAS (...) QUE PREJUDICAVAM A CONSTRUÇÃO DO POVO BRASILEIRO, SE ELA PAVIMENTOU O CAMINHO NÃO ACABADO DO BRANQUEAMENTO, ELA FICOU E MARCOU SIGNIFICATIVAMENTE O INCONSCIENTE E O IMAGINÁRIO COLETIVO DO POVO BRASILEIRO.
>
> Munanga, 2008, p. 118.

Acredito que a pergunta que devamos fazer daqui por diante não é exatamente "quem são os outros". Acho que devemos começar a perguntar quem somos nós e como nos tornamos o que somos.

Poderíamos, neste capítulo, falar das muitas contribuições que os vários grupos africanos, indígenas, judeus, europeus, japoneses e árabes deram ao Brasil. Quem contribuiu mais ou menos, como eles influenciaram a nossa forma de ver o mundo, de nos comportarmos, as comidas saborosas, os cheiros e temperos, as danças, as festas... Mas, seria esse o nosso objetivo? Explorar como e quando as muitas culturas que chegaram ao Brasil contribuíram para formar o que muitos ainda chamam de "identidade nacional"? É bem verdade que gostamos de fazer isso. É legal saber como surgiu o Carnaval, a caipirinha, a feijoada, as quadrilhas de São João... mas para fazermos isso temos de acreditar que o Brasil — de proporções continentais — é um só. Que nós, os brasileiros, somos um só povo — homogêneo, igual —, com uma só história, do Caburaí ao Chuí. E nem pense que eu estou sugerindo movimentos separatistas, que sou guerrilheira e que conspiro contra a nação. Nada disso. Só estou refletindo sobre alguns fatos.

Ao chegarmos aqui, você já deve saber que "o buraco é mais embaixo". Num país que passou as últimas décadas se afirmando como "mestiço", que fez da miscigenação (pelos "casamentos" entre pessoas de diferentes cores) e do sincretismo (que é a interação de várias culturas) as ferramentas de uma política de branqueamento da população, não é possível falar em "contribuições". Talvez a palavra que mais bem defina esta nossa mestiçagem seja "apropriações". De certo modo, a mestiçagem serviu para que a sociedade se apropriasse de muitas culturas sem lhes dar crédito.

Vamos fazer um exercício: pense numa coisa que podemos definir como brasileira. Tem de ser alguma coisa que valha para todo o Brasil. Uma música, uma festa... Mas não vale ser a bandeira ou símbolos nacionais — como o hino, por exemplo.

> Os símbolos nacionais representam o governo brasileiro, a unidade territorial que engloba os estados e faz do país uma Federação. É por isso que todos os estados (unidades da Federação), apesar de suas relativas autonomias, estão subordinados a uma única legislação, que é a Constituição Federal.

Já estou até vendo... o pessoal do Sudeste vai dizer: feijão com arroz e Carnaval; da Região Norte: o pato com tucupi e o Boi-bumbá; do Sul: churrasco com chimarrão; do Nordeste: São João e rapadura; e os do Centro-Oeste: biju e a dança do Recortado. E se fizermos isso por estados, então? É uma coisa! Em cada lugar as comidas, as festas, as datas podem até querer ser as mesmas, mas sempre terão diferenças, mesmo que apenas nos nomes. Podemos compará-las? Pode ser. Se quisermos estudá-las para nos entendermos a partir delas. Nunca para dizer que uma é melhor ou pior que a outra, porque todas são, de muitas maneiras, nossas.

O que devemos ter em mente é que essa enorme variedade é o reflexo das muitas culturas que aportaram em muitos lugares possíveis por aqui. Não foram os mesmos africanos que se encontraram com os mesmos indígenas, que foram escravizados pelos mesmos europeus, num mesmo lugar e nas mesmas condições. Todos eles, em todos os aspectos, eram muitos.

Diferenças

> Não se deve contrapor igualdade a diferença. De fato, a igualdade não está oposta à diferença, e sim à desigualdade, e diferença não se opõe à igualdade, e sim à padronização, à produção em série, à uniformidade, a sempre o "mesmo", à mesmice. (Candau apud Nogueira; Felipe; Teruya, 2008).

O problema é que de alguma forma aprendemos que ser diferente é quase crime. Desde muito cedo vemos a diferença como um conflito que devemos evitar. Mas diferente de quem? Que modelo usamos para distinguir se um hábito ou costume pode ser visto ou não como "normal"? Uma coisa é seguir as leis que regem o país. Outra é achar que é possível uma padronização, uma modelagem. Veja: a menina que vai de *hijab* (véu islâmico) à escola, no Paraná ou no Maranhão, não é menos brasileira do que a que usa turbantes africanos, no Acre, ou da que pinta o corpo com urucum no Ceará ou no Mato Grosso.

Alguns estudos revelam que quatro milhões de pessoas, de mais de uma centena de etnias diferentes, foram traficadas da África para o Brasil, em 353 anos de escravidão. Outros milhares de indígenas foram dizimados e tiveram que se reorganizar. Nascemos no meio disso. Portanto, não podemos negar a relevância e o protagonismo desses grupos e seus descendentes no povoamento, nas manifestações culturais e na geração de riquezas no Novo Mundo. Nem que suas expressões culturais, sociais e religiosas foram as mais expropriadas pelos colonizadores. A mesma coisa ocorreu com os ciganos e judeus (a maioria dos que vieram para cá, apesar de ter a pele clara, sempre foi (des)considerada como pertencendo a populações não brancas).

Portanto, desde que respeitemos as leis, não podemos ser ignorados em nossas diferenças, muito menos tratados de forma desrespeitosa, seja por quem for e onde for.

2. Identidade: o que é isso?

Não. Ela não é somente aquele monte de dígitos que está no seu Registro Geral, passaporte ou na carteirinha de estudante. Também não é apenas a forma de se expressar — pelas roupas, andar ou gestos. Se pudéssemos explicar em poucas palavras o conceito complexo de identidade, poderíamos dizer que é aquilo que pensamos ser diferente e semelhante em nós em relação aos outros e que está em constante mudança. Identidade é o jeito que encontramos de nos diferenciarmos — e também de nos aproximarmos —, individual ou coletivamente, de um grupo. Ela é influenciada e construída desde o nascimento até o fim de nossos dias. Essa construção é contínua, aperfeiçoada ou destruída, dependendo das condições em que nos encontramos. É fato que só podemos pensar em ter uma (ou muitas!) quando sabemos a que histórias e locais pertencemos e como essas histórias e locais são importantes, de alguma forma, para nós e para a sociedade em que vivemos.

Não deveria ser feio para ninguém reconhecer que somos o resultado de muitas convivências, associações, encontros e desencontros e também de muitas exclusões, de políticas e ações governamentais que tentaram fazer do Brasil um país europeu. O feio — e cruel, neste caso — é apagar do nosso passado comum as muitas histórias não contadas em nome da construção de uma tal de "identidade nacional", erguida sobre a reação da população ao constatar as dificuldades de não estar devidamente enquadrada aos padrões estabelecidos pelos mandatários do país. As populações, de certa forma, reagiram na medida de seus próprios interesses e reorganizaram-se. Mas não abriram mão completamente de suas histórias.

Quem já não tomou um chazinho para curar resfriado ou fez simpatia para bronquite? E as nossas avós, que sabiam fazer xaropes para curar dor de barriga, pneumonia, lombriga e unha encravada? É possível negar que eles (nossos avôs e avós) eram depositários de uma espécie de ciência, de uma cultura, de valores e saberes que são fundamentais para sermos quem somos?

Sabe o que é mais engraçado nisso tudo? É constatarmos que esses muitos saberes — indígenas e africanos —, que foram desqualificados e quase esquecidos no Brasil, estão sendo utilizados pelas indústrias em todo o mundo como alternativas a curas de muitas doenças. As fábricas de xampus, a homeopatia e a fitoterapia não me deixam mentir. Tenho uma tia que passa, há décadas, uma "melecança" de babosa (*aloe vera*) com gema de ovo e tem os cabelos mais bonitos que já vi!

Nesse ponto acredito que devemos falar sobre a maior luta pela manutenção de identidade de que temos notícia: nos últimos 512 anos, milhares de homens, mulheres e crianças foram assassinados por lutarem para manter suas identidades. E sabe por quê? Para muitas culturas, manter a identidade — ou seja, marcar suas próprias diferenças e semelhanças em relação aos "outros" — é viver em determinado território, sob seus próprios princípios. A proximidade de sua moradia com um rio, uma árvore, uma lagoa, dão a algumas pessoas o sentido de serem quem são, únicos, de manterem suas memórias e costumes. Suas estruturas sociais, familiares e individuais só têm sentido se elas estiverem em seus territórios geograficamente delimitados, originalmente ocupados. As lutas indígenas no Brasil têm essa característica. Os povos indígenas não lutam por suas terras para fazer especulação imobiliária, nem porque elas contêm jazidas de minérios. Apesar de conhecerem bem essas riquezas e o local exato onde estão "escondidas", não é isso que os move... Foi dentro dos limites de seus territórios que seus antepassados viveram, pescaram e plantaram. Ali, tiveram seus filhos e estabeleceram inúmeras relações míticas com a natureza e com outras populações indígenas. São essas relações, esses lugares, a preservação de suas memórias e a sobrevivência pura e simples — plantar e caçar para comer — que estão em jogo quando lemos no jornal ou vemos na televisão os casos de lutas (armadas) entre índios e não índios, com baixas significativas das populações indígenas.

Uma outra forma de pensar a identidade nos é fornecida por uma das mais significativas contribuições contemporâneas das organizações sociais do país. Na década de 1970, vários fatores contribuíram para o ressurgimento de grupos que defendem políticas de inclusão e afirmação das identidades negras: o fim do período da Ditadura Militar, o início do processo de descolonização dos países africanos e a luta pelo reconhecimento de direitos civis dos negros nos Estados Unidos, fizeram surgir uma nova ordem de pensamento aqui no Brasil. A base das ideias de uma sociedade diversa, do ponto de vista cultural, nasceu da necessidade de homens e mulheres — descendentes dos muitos grupos de africanos trazidos pela força da escravidão — reivindicarem suas próprias histórias, memórias e garantias constitucionais de defesa dos seus patrimônios sociais, culturais e religiosos.

Falando de conflitos

Sua mãe não o deixa "traçar" aquele sanduba cheio de molho especial antes do almoço e o obriga a comer legumes e verduras, porque faz bem. Seu pai diz que você deve abandonar os *games* e as salas de *chat* e se dedicar à Matemática, porque ficar jogando e conversando fiado no computador não dá futuro, e ele quer que você se torne engenheiro ou piloto de avião. Então, você se vê obrigado a deixar de fazer algo que gosta para obedecer a seus pais (no caso, as pessoas que cuidam de você). Mesmo sabendo que eles estão certos, isso faz que você fique "de saco cheio", tentado a não obedecer nem a um nem a outro. O problema é que você adora o sanduba e acha as aulas de Matemática (ou Português, Física etc.) bizarras! No fundo, os dois querem que você seja uma pessoa saudável e um bom aluno. Mas você sabe que pode fazer o que eles pedem e também pode optar por desobedecer. Só que quem vai assumir as consequências pelas suas escolhas é você. Esta situação, em si, é um conflito.

Os conflitos podem acontecer para rompermos com uma situação (nesse caso, dizemos que não vamos fazer o que eles querem) ou negociarmos uma solução boa para os dois lados (comemos o sanduba "mais gostoso do mundo", depois dos legumes e verduras e jogamos nos fins de semana, depois de terminarmos os deveres da escola). Mas também podemos nos submeter, aposentar o computador e adotar definitivamente uma dieta saudável, mesmo que de vez em quando a gente se lembre de como era legal passar a tarde na frente do computador e comer "aquela delícia".

Na verdade, há muitas formas de lidarmos com os conflitos. Diante deles, podemos até permanecer indiferentes, mas, mesmo assim, não tomar uma decisão é também fazer uma escolha: a de prolongar o conflito. Os conflitos acontecem o tempo todo e, em última análise, servem para mudar as coisas de lugar. Eles também possibilitam encontros e associações. Por isso são tão importantes para entendermos um pouco do que acontece no mundo, hoje.

Imagine quantos conflitos — que geram enfrentamentos, encontros, negociações, indiferenças e rupturas — estiveram presentes entre os vários grupos humanos que chegaram ao Brasil? Em algum momento eles (os conflitos) cessaram de existir? Vamos ver.

Multiculturalismo

Mudemos os nomes dos grupos, não as condições. Imagine a cena: se trancássemos jamaicanos e esquimós numa sala e déssemos o controle da situação a um grupo de tailandeses, esses com a tarefa de fazer com que os primeiros trabalhem incessantemente sem remuneração e que jamaicanos e esquimós sejam transformados em legítimos cidadãos da Tailândia, o que você acha que aconteceria? Na verdade, numa situação dessas, pode acontecer muita coisa. Só que há gente que jura que não acontece nada! E dizem: "Eles serão solidários, terão filhos, construirão uma grande família e serão felizes para sempre". Será? Foi isso que aconteceu no Brasil?

Negar que esses conflitos ocorreram — e ocorrem — é a chave para entendermos o que muitos acreditam ser essa tal de "Democracia Racial" brasileira: um conceito cunhado na metade do século passado, após a publicação do livro *Casa-Grande & Senzala*, de Gilberto Freyre. A obra, um clássico nos estudos sobre o Brasil, parece que não levou em conta os muitos conflitos e interesses dos grupos envolvidos na formação do país.

Como imaginar que pessoas tão diferentes, com condições e necessidades tão variadas, pudessem viver sem entrar em choque? É possível que jamaicanos, esquimós e tailandeses convivam num mesmo lugar sem que graves problemas aconteçam? Acredito que sim. Mas somente se todos estiverem em igualdade de condições e se os tailandeses não quiserem que os jamaicanos e os esquimós sejam iguais a eles.

Um bom exemplo do que estou falando é o Canadá, país da América do Norte que tem cerca de 70 etnias e fala mais de 60 línguas. Por lá, as escolas são as primeiras a levar os alunos ao entendimento e apreciação de outras culturas. Mesmo assim, os conflitos acabaram? Não. Mas o número de leis que garantem as heranças étnicas — incluindo, especialmente, os idiomas dos povos autóctones — e os programas anuais antirracismo são prioritários para o governo e as instituições canadenses.

Mestiçagem

Para conversar sobre a mestiçagem nossa de cada dia, precisaremos de muita ajuda. É por isso que vamos convidar o diretor do Centro de Estudos Africanos da Universidade de São Paulo, Kabengele Munanga, para ser o guia da última parte de nossa viagem. O professor Munanga, nascido no Zaire (atual Congo), é uma das maiores referências para nos ajudar a compreender uma sociedade tão diversa e conflitante como a nossa.

Nosso mestre ensina que o Brasil é um dos países mais coloridos do mundo e que a mestiçagem é um conceito, desenvolvido em meados do século XX, que afirma que o povo brasileiro não é preto, nem branco, nem índio, nem amarelo. Somos tudo isso junto e misturado. Mas, devido às inúmeras ações políticas e governamentais empreendidas com o objetivo de embranquecer a população, somos o "junto e misturado querendo virar europeu (ou americano)". Ih, que negócio é esse?

Calma! O raciocínio é muito complexo, mas se fizermos uma forcinha, chegaremos lá. O Brasil, em muitos aspectos, vê-se como um país monocultural (apenas uma cultura). Em vários momentos — do século XIX ao XXI — políticos, intelectuais, professores, jornalistas, juristas, advogados, médicos e pessoas comuns acreditaram que para encontrar o "mapa da felicidade" era preciso que as populações do Brasil ficassem parecidas com uma ideia inventada de "Europa", em seus costumes, crenças e fenótipos. Eles aceitaram — e concordaram! — que o caminho da união seria a negação de nossas próprias identidades (o que significa jogar fora as origens, memórias, idiomas, culturas e expressões) em nome de uma identidade coletiva, da unificação nacional, daquilo que é "ser brasileiro". Vou explicar melhor: o pensamento predominante para definir o que é uma nação (ou um país) está na homogeneidade cultural e nas características étnicas comuns da sua população. Portanto, pergunto: o que é ser brasileiro?

Se não podemos responder "na bucha" o que é ser brasileiro, sob o risco de sermos muito infelizes em nossas respostas, devemos saber pelo menos que mecanismos foram utilizados para fazer com que cada um de nós acreditasse que somos pessoas com um só rosto, que têm um único passado e (por que não?) um mesmo futuro. Venha comigo:

1) Ao "povo brasileiro" foram negadas as histórias dos personagens importantes que saíram dos grupos que sempre foram maioria. O professor Munanga os chama de "maiorias silenciadas" ao se referir aos negros e seus descendentes. Vou pedir licença ao mestre para alargar esse conceito e incluir os povos que foram, sob muitos aspectos, "amordaçados": indígenas, islâmicos, judeus, imigrantes, ciganos e mestiços que compuseram — e compõem! — a sociedade. Apenas aos que estavam a serviço dos colonizadores e mandatários coube os títulos de heróis e defensores dos interesses da população. Curioso reparar que os "heróis da pátria" são todos de origem europeia, mesmo com a enorme quantidade de índios, negros e mestiços brasileiros. Dessas "maiorias", os poucos que conseguiram visibilidade histórica foram Zumbi dos Palmares e, recentemente, João Candido — o Almirante Negro. Mas, com certeza, eles não deveriam ser os únicos.

2) As expressões culturais desses grupos foram banalizadas e expropriadas em nome da construção de uma identidade igual, comum a todos. Nesses termos, a igualdade tende a assumir um significado muito desigual, não é?

3) As artes, as religiões e os comportamentos dessas "maiorias" foram continuamente desqualificados e perseguidos, em muitos aspectos transformados e distorcidos, para se adequarem a um "ideal" de padrão europeu.

4) Repare que quase todo o material impresso, de propaganda e até os livros são referenciados pelos padrões da Barbie.

Com essa pressão toda é mais que natural que tenhamos muita dificuldade em sabermos — e quem sabe? — e em afirmarmos o que é nossa própria identidade, seja ela qual for. No fundo, se nos deixarmos levar, não dá nem vontade de saber muito de nós mesmos. É exatamente nesse ponto que o "bicho pega" pra valer! Os estudos do professor Munanga nos fazem refletir que, de certa maneira, fomos condicionados ao branqueamento e nos acostumamos com isso. Somos a união de tudo, mas com nossas "maiorias silenciadas" bem varridinhas para debaixo do tapete! O interessante é pensarmos que, entre sermos tudo e não sabermos quem somos, há apenas uma linha muito tênue.

Os desafios da diversidade — o "nós" do "outro"

Ao consultarmos o dicionário verificamos que "diversidade" pode ser definida como "diferença, dessemelhança, variedade" (quando a relacionamos a um objeto) e também "divergência, oposição, contradição", quando pensamos em opiniões. Os sinônimos para "diversidade" são: flutuação, heterogeneidade, inconstância, multiplicidade, pluralidade, variação, variedade e volubilidade. Realmente, a diversidade dá pano para mangas!

Você deve estar se perguntando: por que ela deixou para explicar esse negócio de diversidade só no fim do livro? Porque este livro não é para dar respostas prontas, não é um guia nem um manual. Ele é um esboço de algo que está sendo construído em muitos lugares, por pessoas diferentes, sobre os mais variados assuntos, na tentativa de iluminar as muitas divergências, oposições, dessemelhanças, multiplicidades e flutuações possíveis em nós mesmos: homens e mulheres, sejam eles jovens, idosos ou crianças, mas, ainda assim, brasileiros.

Na verdade, nunca pretendi escrever algo que simplesmente trouxesse respostas. Falar da diversidade e das incontáveis possibilidades que ela nos oferece é difícil, principalmente porque, além de ser um tema que trata de muitas áreas do conhecimento — e já sabemos que ninguém domina todo o conhecimento —, não é possível, a partir dela, seguirmos uma trajetória única. A diversidade não nos permite sair de um lugar para outro, vislumbrando um futuro óbvio, apagando as marcas do caminho, esquecendo o que ficou para trás. Ela é o próprio processo de descoberta — dos outros em nós e vice-versa — e do exercício do encontro respeitoso com o diferente, por mais difícil que seja para todos os envolvidos.

O importante aqui é aproximar você daqueles que, mesmo fazendo parte de nossas vidas cotidianas, foram estrategicamente soterrados na nossa História, apagados do nosso convívio e colocados em um lugar que nos parece muito distante... mas eles estão aqui, ali e do nosso lado. Basta querer abrir os olhos e enxergar essa "maioria silenciada" — quem sabe não nos encontramos nela?

Por enquanto, vou ficando por aqui. Espero, de verdade, que você tenha gostado. Quero que saiba que foi muito legal ter sua companhia e que podemos continuar trocando ideias!

Rosiane Rodrigues

Referências bibliográficas

Capítulo I

Para saber mais sobre a "Maldição de Cam"

BOSI, A. *Dialética da colonização* — Sob o signo de Cam. Rio de Janeiro: Companhia das Letras, 1992.

GUIMARÃES, A. S. *Preconceito racial* — Modos, temas e tempos. São Paulo: Cortez, 2008.

KI-ZERBO, J. (ed.) *História geral da África*. I: Metodologia e pré-história da África. 2. ed. rev. Brasília: Unesco, 2010.

LOVEJOY, P. *A escravidão na África* — Uma história de suas transformações. Rio de Janeiro: Civilização Brasileira, 2002.

MATTOS, H. M. *Das cores do silêncio*: os significados da liberdade no Sudeste escravista (Brasil século XIX). 2. ed. Rio de Janeiro: Nova Fronteira, 1998.

_____. Dossiê Patrimônio e Memória da Escravidão Atlântica: história e política. Revista *Tempo*, v. 14, nº 29, jan.-jun. 2010.

MEILLASSOUX, C. *Antropologia da escravidão*. Trad. Lucy Magalhães. Rio de Janeiro: Jorge Zahar, 1995.

REIS, J. J. Notas sobre a escravidão na África pré-colonial. *Centro de Estudos Afro-Asiáticos*, Rio de Janeiro, n. 14, 1987.

SILVA, J. *120 anos de abolição* — 1888/2008. Rio de Janeiro: Hama, 2008.

SOUZA, T. T. B. A. Escravidão interna na África, antes do tráfico negreiro. *Vértices*, Rio de Janeiro, ano 5, n. 2, maio-ago. 2003.

UNESCO. *História geral da África*. Prefácio: M. Amadou Mahtar M'Bow. vol. I. Brasília: Unesco, 2010.

Para assistir à entrevista do cônsul, acesse:

http://www.youtube.com/watch?v=7H7mYvMf-kE

Para saber mais sobre a partilha do continente africano

DOLBY, D. Mapa linguístico da África. In: *História geral da África*. Metodologia e pré-história da África. 2. ed. rev. Brasília: Unesco, 2010. v. I. Disponível em: <http://www.unesco.org/new/pt/brasilia/about-this-office/single-view/news/general_history_of_africa_collection_in_portuguese-1/>. Acesso em: 8 ago. 2012.

MACKENZIE, J. M. *A partilha da África* — 1880/1900. São Paulo: Ática, 1994. Disponível em: <http://www.webartigos.com/artigos/partilha-da-africa/21592/>. Acesso em: 8 ago. 2012.

PEREIRA, J. M. N. *As seis macrorregiões da África* — Critérios geopolítico e geo-econômico. *Centro de Estudos Afro-Asiáticos*, Rio de Janeiro, 2002.

_____. *África*: um novo olhar. Rio de Janeiro: Ceap, 2006.

Para saber mais sobre os Hererós

CORRÊA, S. M. de S. História, memória e comemorações: em torno do genocídio e do passado colonial no sudoeste africano. *Dossiê Comemorações*, 2011. Disponível em: <http://www.scielo.br/scielo.php?pid=S0102-01882011000100005&script=sci_arttext>. Acesso em: 8 ago. 2012.

Para saber mais sobre o Egito Antigo

BAKR, A. O Egito faraônico. In: *História geral da África*. 2. ed. rev. Brasília: Unesco, 2010. v. II.

DIOP, C. A. Origem dos antigos egípcios. In: *História geral da África*. 2. ed. rev. Brasília: Unesco, 2010. v. II.

EL-NADOURY, R.; VERCOUTTER, J. O legado do Egito faraônico. In: *História geral da África*. 2. ed. rev. Brasília: Unesco, 2010. v. II.

MEY, E. S. A. A biblioteca de Alexandria. Artigo apresentado na 1ª Jornada Transdisciplinar de Leitura. São Paulo: Unesp, 2003.

MOKHTAR, G.; VERCOUTTER, J. Introdução geral. In: *História geral da África*. 2. ed. rev. Brasília: Unesco, 2010. v. II.

RIAD, H. DEVISSE, J. O Egito na época helenística. In: *História geral da África*. 2. ed. rev. Brasília: Unesco, 2010. v. II.

YOYOTTE, J. O Egito faraônico: sociedade, economia e cultura. In: *História geral da África*. 2. ed. rev. Brasília: Unesco, 2010. v. II.

Site
<http://mundoestranho.abril.com.br/materia/como-foram-erguidas-as-piramides-do-egito>. Acesso em: 17 jul. 2012.

Para saber mais sobre memória e esquecimento
ARAÚJO, A. L. Caminhos atlânticos: memória, patrimônio e representações da escravidão na Rota dos Escravos. In: *Dossiê* — Imagens: escravidão, mestiçagens. Disponível em: <http://www.scielo.br/scielo.php?pid=S0104--87752009000100007&script=sci_arttext>. Acesso em: 8 ago. 2012.
_____. Aquele que "salva" a mãe e o filho. Revista *Tempo*, Niterói, v. 15, n. 29, jul./dez. 2010. Disponível em: <http://www.historia.uff.br/tempo/site/wp-content/uploads/2010/12/v15n29a01.pdf>. Acesso em: 17 jul. 2012.
FERRETI, S. *Querebentan de Zomadunu* — Etnografia da Casa das Minas. São Luís: Edufma, 1985.
MATTOS, H. M. Apresentação. *Dossiê patrimônio e memória da escravidão atlântica*: História e Política. Disponível em: http://www.historia.uff.br/tempo/site/wp-content/uploads/2010/12/v15n29a01.pdf.
VERGER, P. Anais do Colóquio da Unesco sobre as Sobrevivências das Tradições Africanas no Caribe e na América Latina, 1985.

Para saber mais sobre a queima dos arquivos da escravidão
BARBOSA, F. de A. Apresentação. *Rui Barbosa e a queima dos arquivos*. Rio de Janeiro: Nova Fronteira, 1987. Disponível em: <http://www.casaruibarbosa.gov.br/dados/DOC/artigos/a-j/FCRB_FranciscodeAssisBarbosa_Apresentacao_livro_RuiBarbosa_queima_arquivos.pdf>. Acesso em: 17 jul. 2012.
BORGES, R. C. da S. Abolição, educação e antirracismo no contexto da Lei 10.639/2003. Revista *Tecnologia & Cultura*, Rio de Janeiro: Cefet, ano 10, p. 45-50, 2008.

Site
<http://www.projetomemoria.art.br/RuiBarbosa/glossario/q/queima-papeis.htm>. Acesso em: 17 jul. 2012.

Sobre a III Conferência Mundial contra o Racismo, Discriminação Racial, Xenofobia e Intolerância Correlata em 2001. Disponível em: <http://www.paulofreire.org/wp-content/uploads/2012/PME_Internacional/documentofinal_conferenciadurban.pdf>.

Capítulo II

Para saber mais sobre os povos indígenas

AZANHA, G.; VALADÃO, V. M. *Senhores destas terras* — Os povos indígenas da colônia aos nossos dias. Coord. Maria Helena Simões Paes e Marly Rodrigues. 9. ed. São Paulo: Atual, 1998.

BACCEGA, M. A. O estereótipo e as diversidades. Revista *Comunicação e Educação da Universidade de São Paulo*, São Paulo, 1998. Disponível em: <http://pt.scribd.com/doc/16944062/O-estereotipo-e-as-diversidades. Acesso em: 18 jul. 2012>.

CARVALHO, F. L. de. Povoamento do continente e primeiras civilizações. In: *A pré-história sergipana*. Publicação do Museu de Arqueologia do Xingó. Universidade Federal de Sergipe, 2003. Disponível em: <http://www.max.org.br/biblioteca/Livros/PreHistSergipana/Introducao.pdf; http://www.passeiweb.com/na_ponta_lingua/sala_de_aula/historia/pre_historia_brasil_e_america/pre_historia/1_3_idade_pre_historia_america>. Acessos em: 17 jul. 2012.

FAUSTO, C. *Inimigos fiéis* — Histórias, guerras e xamanismo na Amazônia. São Paulo: Edusp, 2001.

FREIRE, J. R. B.; MALHEIROS, M. F. *Aldeamentos indígenas do Rio de Janeiro*. Rio de Janeiro: Eduerj, 2010. Disponível em: <http://www.educacaopublica.rj.gov.br/biblioteca/historia/0039_01.html>. Acesso em: 18 jul. 2012.

GURGEL, C. B. F. M. *Índios, jesuítas e bandeirantes*: medicinas e doenças no Brasil dos séculos XVI e XVII. Tese de Doutorado. Unicamp: Biblioteca Digital, 2009.

LIMA, T. S. O que é um corpo? *Religião e Sociedade*, v. 22, n. 1, p. 9-20, 2002.

_____. O dois e o seu múltiplo. Reflexões sobre o perspectivismo em uma cosmologia Tupi. *Mana* — Estudos de Antropologia Social, v. 2, n. 2, p. 21-47, 1996.

_____. *Um peixe olhou para mim*: o povo Yudjá e a perspectiva. São Paulo/Rio de Janeiro: Unesp; ISA/NUTi, 2005.

MONTEIRO, J. A transformação de São Paulo indígena — Século XVI. In: *Negros da Terra*. Índios e bandeirantes nas origens de São Paulo. São Paulo: Companhia das Letras, 1994.

NEVES, W. A.; PILÓ, L. B. *O povo de Luiza* — Em busca dos primeiros americanos. Rio de Janeiro: Globo, 2008.

_____. *O povo de Luiza* — Em busca dos primeiros americanos. Resenha. *Cadernos de Campo*, São Paulo, n. 17, 2008.

VIVEIROS DE CASTRO, Eduardo. *O mármore e a murta: sobre a inconstância da alma selvagem*. Revista de Antropologia da Universidade de São Paulo. Faculdade de Filosofia, Letras e Ciências Humanas. São Paulo, 1992. v. 35.

_____. *Araweté* — Os deuses canibais. Rio de Janeiro: Jorge Zahar, 1986.

_____. *A inconstância da alma selvagem*. São Paulo: Cosac Naify, 2011.

Sites
Povos Indígenas no Brasil
http://pibmirim.socioambiental.org/linguas-indigenas
http://www.funai.gov.br/indios/fr_conteudo.htm
Acesso em: 29 ago. 2013

Fundação Museu do Homem Americano — Parque da Pedra Furada, Piauí.
http://www.fumdham.org.br/
Acesso em: 29 ago. 2013

Sítio Arqueológico de Pedra Furada. Museu de Memória do Holocausto dos Estados Unidos
http://www.ushmm.org/wlc/ptbr/article.php?ModuleId=10007043
http://www.historiamais.com/sitioarqueologico.htm
Acesso em: 29 ago. 2013

Capítulo III

Para saber mais sobre as revoltas de escravizados e a Revolução Haitiana

ALVES, A. F. Reflexões sobre a escravidão no Brasil (1810-1830). *e-Revista Facitec*, v. 5, n. 1, art. 5, ago.-dez. 2010. Disponível em: http://www.facitec.br/erevista/index.php?option=com_content&task=view&id=9&Itemid=2. Acesso em: 18 jul. 2012.

AZEVEDO, C. M. M. de. *Onda negra, medo branco* — O negro no imaginário das elites (século XIX). São Paulo: Paz e Terra, 2004.

LOVEJOY, P. Entrevista. *Revista de História da Biblioteca Nacional*, ano 7, Rio de Janeiro, mar. 2012.

NASCIMENTO, W. S. Além do medo — A construção de imagens sobre a revolução haitiana no Brasil escravista (1791-1840). *Cadernos de Ciências Humanas — Especiaria.* v. 10, n. 18, p. 469-488, jul.-dez. 2007. Disponível em: www.uesc.br/revistas/especiarias/ed18/4_washington_nascimento.pdf. Acesso em: 18 jul. 2012.

RATTS, A. *Eu sou Atlântica* — Sobre a trajetória de vida de Beatriz Nascimento. São Paulo: Imprensa Oficial/Instituto Kuanza.

Disponível para *download* em: <http://www.imprensaoficial.com.br/PortalIO/download/pdf/projetossociais/eusouatlantica.pdf>. Acesso em: 18 jul. 2012.

REIS, J. J. Quilombos e revoltas escravas no Brasil — "Nos achamos em campo a tratar a liberdade". *Revista USP*, n. 28, p. 14-39, dez.-fev. 1995/1996. Disponível em: <http://www.usp.br/revistausp/28/02-jreis.pdf>. Acesso em: 18 jul. 2012.

_____. Identidade e diversidade étnicas nas irmandades negras no tempo da escravidão. *Tempo*, v. 2, n. 3, p. 7-33, Rio de Janeiro, 1996. Disponível em: <http://www.sumarios.org/sites/default/files/pdfs/29618_3879.PDF>. Acesso em: 18 jul. 2012.

Site

Biblioteca Virtual do Estado de São Paulo

http://www.bibliotecavirtual.sp.gov.br/pdf/temasdiversos-escravidaonobrasil.pdf. Acesso em: 29 ago. 2013

Para saber mais sobre políticas do embranquecimento

BORGES, R. C. da S. Abolição, educação e antirracismo no contexto da Lei 10639/03. *Revista Tecnologia & Cultura*, ano 10, p. 45-50, Rio de Janeiro: Cefet, 2008.

_____; OLIVEIRA, F. M. de. *Negros, quilombos, favelas* — Discriminação. Anais do V Congresso Brasileiro de Pesquisadores Negros. Goiânia. 29 jul. a ago. 2008.

SCHWARCZ, L. M. *O espetáculo das raças* — cientistas, instituições e questão racial no Brasil (1870-1930). São Paulo: Companhia das Letras, 1993.

_____. O espetáculo da miscigenação. *Estudos Avançados*, v. 8, n. 20, 1994. Disponível em: <http://www.scielo.br/pdf/ea/v8n20/v8n20a17.pdf>. Acesso em: 18 jul. 2012.

Para saber mais sobre Joseph-Artur, o Conde Gobineau

SANTOS DE SOUZA, R. A. *Agassiz e Gobineau* — As ciências contra o Brasil mestiço. Dissertação de Mestrado em História das Ciências. Rio de Janeiro: Fundação Oswaldo Cruz, 2008.

Disponível em: <http://www.fiocruz.br/ppghcs/media/dissertacaoricardoalexandre.pdf>. Acesso em: 18 jul. 2012.

Sites

Rubem Queiroz Cobra

Doutor em Geologia e bacharel em Filosofia

http://www.cobra.pages.nom.br/fcp-gobineau.html

Acesso em: 29 ago. 2013

Educação do portal Terra

http://educaterra.terra.com.br/voltaire/500br/franceses2.htm

Acesso em: 29 ago. 2013

Para saber mais sobre Francis Galton

DEL CONT, V. Francis Galton: eugenia e hereditariedade. *Associação Filosófica Scientiae Studia*, v. 6, n. 2, São Paulo, abr.-jun. 2008. Disponível em: <http://www.scielo.br/scielo.php?pid=S1678-31662008000200004&script=sci_arttext>. Acesso em: 8 ago. 2012.

Para saber mais sobre a eugenia no Brasil

DUMAS, F. A eugenia em cena: dois estudos sobre a questão. Revista *História, Ciências, Saúde* — Manguinhos, v. 2, n. 3, Rio de Janeiro, nov.-fev. 1996. Disponível em: <http://www.scielo.br/scielo.php?pid=S0104-59701996000400010&script=sci_arttext>. Acesso em: 18 jul. 2012.

Para saber mais sobre Cesare Lombroso

Sites

http://www.oarquivo.com.br/index.php?option=com_content&view=article&id=1595:cesare-lombroso&catid=78:internacionais&Itemid=60. Acesso em: 8 ago. 2012.

Gustavo Sirena

Advogado, especialista em Direito Processual Penal, Ciências Penais e Direito Constitucional. Disponível em: <http://pontojuridico.com/modules.php?name=News&file=article&sid=159>. Acesso em: 8 ago. 2012.

Para saber mais sobre Raimundo Nina Rodrigues

GARCIA, T. da C. Madame existe. *Revista da Faculdade de Comunicação da FAAP*, n. 9, São Paulo, 2º semestre de 2001.

Disponível em: <http://www.faap.br/revista_faap/revista_facom/artigos_madame1.htm>. Acesso em: 18 jul. 2012.

LEITE, G. de O. *Literatura e mitologia afro-baiana*: Encantos e percalços. Disponível em: <http://www.seara.uneb.br/sumario/professores/gildecileite.pdf>. Acesso em: 18 jul. 2012.

Site

Mariza Corrêa

Professora do Departamento de Antropologia da Unicamp. Disponível em: <http://www.sbhm.org.br/index.asp?p=medicos_view&codigo=200>. Acesso em: 8 ago. 2012.

Para saber mais sobre Abolição inacabada

ARAÚJO, A. L. Aquele que "salva" a mãe e o filho. Revista *Tempo*, v. 15, n. 29, Niterói, jul.-dez. 2010. Disponível em: <http://www.historia.uff.br/tempo/site/wp-content/uploads/2010/12/v15n29a03.pdf>. Acesso em: 18 jul. 2012.

BORGES, R. C. da S. Favela, *funk e ethos*: análise semiolinguística de documentário. Anais do Congresso de Letras da Uerj, 2007, Livro de Resumos ou Programação, 2007. v. único, p. 3-68.

MARQUES, A. J. *Políticas públicas e gestão da educação para o ensino da História e Cultura Afro-brasileira e Africana* — Percepção de gestores e gestoras do Ministério da Educação — MEC. Dissertação de mestrado. Brasília: Faculdade de Educação da Universidade de Brasília, 2010. Disponível em: <http://repositorio.bce.unb.br/bitstream/10482/8679/1/2010_AnaJoseMarques.pdf>. Acesso em: 18 jul. 2012.

MUNANGA, K. *Rediscutindo a mestiçagem no Brasil*: identidade negra *versus* identidade nacional. Belo Horizonte: Autêntica, 2006.

SILVA, J. da. *120 anos de abolição* — 1888-2008. Rio de Janeiro: Hama, 2008.

Sobre as pesquisas do Projeto Raízes Afro-brasileiras

BBC Brasil — série de reportagens sobre o Projeto (em português)
    Disponível em: <http://www.bbc.co.uk/portuguese/noticias/cluster/2007/05/070427_raizesafrobrasileiras.shtml>. Acesso em: 8 ago. 2012.

Para saber mais sobre os Agudás

BBC Brasil — série de reportagens sobre os Agudás (em português).
    Disponível em: <http://www.bbc.co.uk/portuguese/noticias/2003/030206_agudas1cs.shtml>. Acesso em: 18 jul. 2012.

Capítulo IV

Para saber mais sobre a Revolta dos Malês

NASCIMENTO, A. Salve Pai Pedra Preta: uma contribuição singela à trajetória do Babalorixá. *Revista Virtual de Humanidades*, n. 4, jul.-set. 1994.

NASCIMENTO, L. C. *Bitedô, onde moram os nagôs*. São Paulo: Ceap, 2011.

QUIRING-ZOCHE, R. Luta religiosa ou luta política? O levante dos Malês da Bahia segundo uma fonte islâmica. *Revista Afro-Ásia*, n. 19/20, Salvador, Centro de Estudos Afro-orientais (FFCH, UFBA), 1997.

REIS, J. J. *Rebelião escrava no Brasil* — a história do Levante dos Malês (1835). São Paulo: Companhia das Letras, 2003.

_____. *A Revolta dos Malês em 1835*. Disponível em: <http://www.educacao.salvador.ba.gov.br/documentos/a-revolta-dos-males.pdf>. Acesso em: 18 jul. 2012.

_____. Quilombos e revoltas escravas no Brasil — "Nos achamos em campo a tratar a liberdade". *Revista USP*, n. 28, p. 14-39, dez.-fev. 1995/1996. Disponível em: <http://www.usp.br/revistausp/28/02-jreis.pdf>. Acesso em: 18 jul. 2012.

Para saber mais sobre muçulmanos no Brasil:

BERTOLOSSI, L. C. *A medicina mágica das bolsas de mandinga do século XVIII*. Disponível em: <http://www.rj.anpuh.org/resources/rj/Anais/2006/conferencias/Leonardo%20Carvalho%20Bertolossi.pdf>. Acesso em: 18 jul. 2012.

COSTA E SILVA, A. Mali. In: *A enxada e a lança* — A África antes dos portugueses. 2. ed. Rio de Janeiro: Nova Fronteira, 1996.

HALL, S. Identidade cultural na pós-modernidade. Trad. Tomás Tadeu da Silva; Guaracira Lopes Louro. 6. ed. Rio de Janeiro: DP&A, 2001.

LOVEJOY, P. Entrevista concedida à *Revista de História da Biblioteca Nacional*, ano 7, n. 78, Rio de Janeiro, 2012.

OLIVER, R. *A experiência africana* — Da pré-história aos dias atuais. Rio de Janeiro: Jorge Zahar, 1994.

SAID, E. W. *Orientalismo* — O Oriente como invenção do Ocidente. São Paulo: Companhia das Letras, 2007.

SILVA, R. *Império Mali*. Disponível em: <http://www.debatesculturais.com.br/imperio-mali/>. Acesso em: 18 jul. 2012.

Para saber mais sobre os muçulmanos de origem árabe

ISBELLE, S. *Islam, a sua crença e a sua prática*. Rio de Janeiro: Azaan, 2003.

_____. *O estado islâmico e a sua organização*. Rio de Janeiro: Azaan, 2008.

PINTO, P. G. H. R. Ritual, etnicidade e identidade religiosa nas comunidades muçulmanas no Brasil. *Revista USP*, n. 67, p. 228-250, São Paulo, set.-nov. 2005. Disponível em: <http://www.usp.br/revistausp/67/17-pinto.pdf>. Acesso em: 18 jul. 2012.

_____. *Islã — Religião e civilização. Uma abordagem antropológica*. Aparecida (SP): Santuário, 2010.

Capítulo V

Para saber mais sobre o judaísmo

ELIADE, M. *Aspectos do mito*. Lisboa: Edições 70, 2000.

OLIVER, R. Os povos do livro. In: *A experiência africana*: da pré-história aos dias atuais. Rio de Janeiro: Jorge Zahar, 1994.

SOUZA, F. das C. S.; FERNANDES, S. E. Purgando pecados e limpando a Europa: o degredo no cotidiano dos primeiros séculos de colonização do Brasil. *Revista de Humanidades*, v. 9. n. 24, Caicó, set.- out. 2008. Disponível em: <http://www.ceres caico.ufrn.br/mneme/anais>. Acesso em: 18 jul. 2012.

TOPOROV, B.; BUCKLES, L. *O guia completo das religiões do mundo*. Trad. Marta Malvezzi Leal. São Paulo: Madras, 2006.

Para saber mais sobre os judeus no Brasil

BENCHIMOL, S. *Judeus no ciclo da borracha*. Manaus: Imprensa Oficial, 1995.

CORD, M. M. As diversas pontas da estrela de Davi: os judeus na história social de Pernambuco — século XVII. *Sæculum — Revista de História*, n. 12, João Pessoa, jan.- jun. 2005. Disponível em: <http://periodicos.ufpb.br/ojs/index.php/srh/article/view/11314/6428>. Acesso em: 18 jul. 2012.

GORENSTEIN, L. Brasil marrano: as pesquisas recentes. Extraído de "Um Brasil subterrâneo; cristãos-novos no século XVIII". In: GRIMBERG, K. *História dos judeus no Brasil*. Rio de Janeiro: Civilização Brasileira, 2005. p. 137-160.

KAUFMAN, T. N. *Passos perdidos, história recuperada*: a presença judaica em Pernambuco. Recife: Bagaço, 2000.

ORGANIZAÇÃO MV SERRA. INSTITUTO LIGHT. *Judeus cariocas*. Série Imigrantes no Rio de Janeiro, v. 2. Rio de Janeiro: Cidade Nova: 2010.

SCLIAR, M. *Caminhos da esperança* — A presença judaica no Rio Grande do Sul. Guaíba (RS). v. 2.

Sites

Arquivo Histórico Judaico brasileiro.

Disponível em: <http://www.ahjb.org.br/ahjb_pagina.php?mpg=03.01.00.00>. Acesso em: 18 jul. 2012.

Base de Dados de Estudos Judaicos. Disponível em: <http://estudosjudaicos.blogspot.com.br/2008/04/presena-judaica-em-pernambuco-base-de_12.html>. Acesso em: 18 jul. 2012.

Capítulo VI

Para saber mais sobre mestiçagem, identidade, diferenças e multiculturalismo

HALL, S. *A identidade cultural na pós-modernidade*. 11. ed. Rio de Janeiro: DP&A, 2006.

KINDLER, A. M. Multiculturalismo e formação da identidade cultural. *Recortes Transculturais*. Rio de Janeiro: Eduff, 1997.

MUNANGA, K. *Rediscutindo a mestiçagem no Brasil* — Identidade nacional *versus* identidade negra. 3. ed. Belo Horizonte: Autêntica, 2008.

NOGUEIRA, J. K.; FELIPE, D. A.; TERUYA, T. K. Conceitos de gênero, etnia e raça: reflexões sobre a diversidade cultural na educação escolar. *Fazendo Gênero*, n. 8, Florianópolis, UFSC, 2008. Disponível em: <http://www.fazendogenero.ufsc.br/8/sts/ST1/Nogueira-Felipe-Teruya_01.pdf>. Acesso em: 18 jul. 2012.

PINSKY, J. Nação e ensino de história no Brasil. In: *O ensino da história e a criação do fato*. São Paulo: Contexto, 2009.

Documentário

À sombra de um delírio verde. Direção: An Baccaert, Cristiano Navarro, Nicola Um. Narração: Fabiana Cozza. Mato Grosso do Sul, 2011. 29 min. Disponível em: <http://vimeo.com/32440717>. Acesso em: 18 jul. 2012.

Site
Para saber mais sobre o Canadá

<http://www.canadainternational.gc.ca/brazil-bresil/visas/visit-Visiter.aspx?lang=por&menu_id=41&view=d#>. Acesso em: 18 jul. 2012.